天下雜誌
觀　念　領　先

正是
時候讀

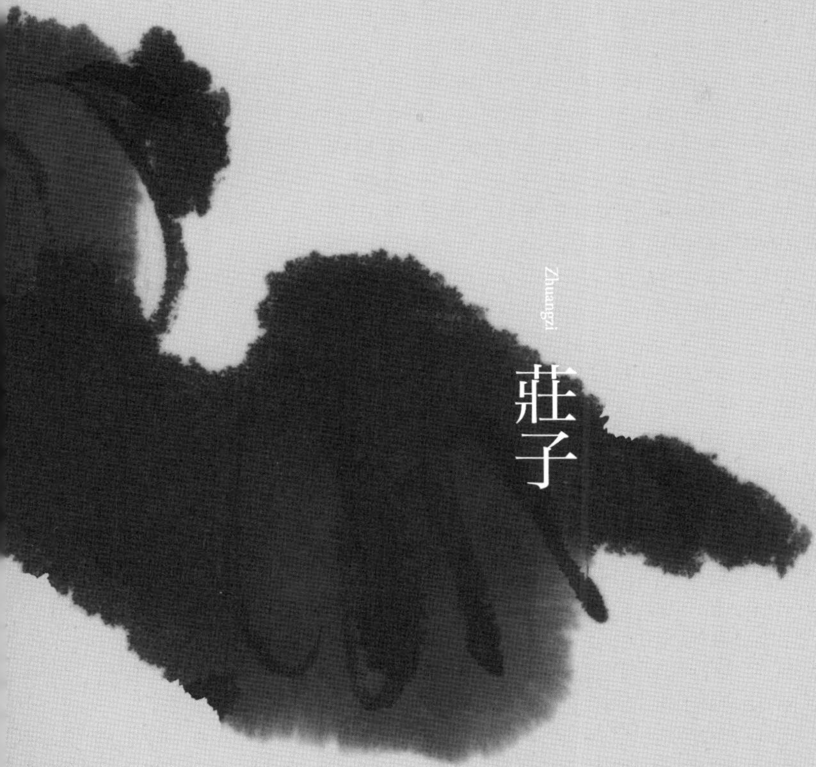

Zhuangzi

莊子

正是時候讀莊子

Zhuangzi

正是時候讀莊子

Zhuangzi

莊子的姿勢、意識與感情

蔡璧名

目錄 contents

推薦序

從莊子中找到立情之所

北京大學人文講座教授
陳鼓應

一個午後，在臺大校園偶然與蔡璧名重逢，她正和母親在到校園泥土地一同習鍊太極拳的路上。這一幕在我腦海中留下非常深刻的印象，許是因同病相憐之故。

璧名剛拿到博士時，我曾邀她到臺大哲學系演講。那時只聽傳言說她是個才女，後來知道她因家學傳承的緣故，深受中國傳統醫學和太極拳等東方修鍊的薰陶，而研究莊子的身體觀與身體工夫。我過去也曾注意到〈外物〉篇中「靜然可以補病，眥㨿可以休老」是史上最早記載按摩的文獻，但由於缺乏傳統醫學的背景，未能做更深入的研究，所以請她來為我們談談。她婉拒了，理由是希望在有更豐富的研究成果後再來。後來果然於二〇〇六年到臺大哲學系主辦的道家經典研讀會上，以「姿勢與意識：《莊子》書中的專家與生手」為題做了一場演講。

那是她病前一年的事。

老莊常言禍福相倚，殷海光先生在五十歲思想正成熟的時候罹癌病逝。殷先生沒有衝過去，但蔡璧名衝過了，過程中莊子的精神肯定起了很大的作用。我雖然沒有這樣的重病，但一生也經歷了許多困頓。現實中的挫折、病痛，使我們走向莊子的世界，幫助我們慢慢走出各自的困境，使我們的心胸更加開闊。

我讀《莊子》，從年輕時的「任其性命之情」逐漸轉入晚年的「安其性命之情」。早年初讀《莊子》，對〈逍遙遊〉中所表達思想自由與精神自由的主旨，產生極大的共鳴。莊子以浪漫主義的文風，借鯤鵬之高舉，曉喻人需突破物質世界的羈鎖，培養博大的心胸、開闊的視野及高遠的境界。亦留意到〈逍遙遊〉篇末一句「安所困苦哉」，透露出莊子之「逍遙」實是寄沉痛於悠閑，隱含了生命底層波濤洶湧的激憤之情。讀〈齊物論〉，則將齊物的精神內化到個我心靈世界，讀了「是其所非而非其所是，則莫若以明」，開始能跳脫自己的觀點，盡量站在他人的立場看待彼此的歧異與爭執。讀〈養生主〉、〈人間世〉，亦將當時的現實處境置入其中，看見牛身上的筋骨盤結，就像人間世人際關係的複雜性，若能順著人際關係的脈絡去處理，刀便不易斷折。而庖丁解牛運神時主體與客體的交融契合，即是藝術創作的境界，將人從人與人、人與物的疏離、孤立感中解放出來，將現實人生點化為藝術人生，對主體心境產生安情的作用。

璧名走向莊子的歷程跟我頗不相同。她成長於一個中醫和武術世家，曾祖父、祖父都是中醫，父親則是鄭曼青先生的高徒。但最初對她而言，這只是生命中一個自然而然的機緣，直到考上博士班時，忽覺這個文化快失傳了，因此開始隨父親習拳。在閱讀拳經的過程中，她偶然發現太極拳與莊子間，存在著六條完全一致的身體規訓。但那時她仍以為太極拳與莊子間的相通，只存在於一部分身體規訓與意欲通往的身體境界之間。

直到璧名遭逢大病，化療與電療的後遺症本會糾纏半生，但於病中始真正發心鍊拳、勤打不輟，最終挽回了她的健康與人生，從此深切體悟到太極拳等東方修鍊對生命的幫助。後來在閱讀清代黃元吉《樂育堂語錄》時，注意到書中屢以「神凝」、「虛室生白」等莊子的語言說明修鍊工夫與境界，至此領悟太極拳與莊子的身心修鍊心法實渾然一體，這影響她對莊子的詮釋，走向重視莊子身心工夫修鍊的方向。

因此她讀〈逍遙遊〉，看出姑射神人的「其神凝」，是凝聚精神，使身形與心神一同昇進的具體工夫。她讀〈養生主〉，以心靈詮釋解牛之刀，庖丁逐漸掌握解牛之道的過程即是修鍊心靈的過程，要使心靈避免與外在的事物強行砍劈、碰撞，遊刃有餘地不受損傷。若不能掌握此一心法，便會如〈齊物論〉描述心靈「與物相刃相靡」，在種種遭遇中感到難過痛苦。

這回璧名向我邀序，是我們第三次相逢。走進她的寓所，彷彿走進唐宋隱者的居所。一席茶談，談我們的生命是如何遇見莊子、走向莊子，造就彼此對莊子的體會與詮釋。

我讀《莊子》，由任情走向安情。璧名同樣也在莊子中找到立情之所。從重病中走出來，她詮釋下的莊子，是要讓在現實夾縫中苦苦掙扎的人，仍有身心安適，甚至成藝達道、開花結果的可能。

推薦序

生命中的重要成就——心靈與身體

無垢舞蹈劇場藝術總監
林麗珍

初與璧名結緣時，知道她的父親是太極拳宗師，那時我想找到真正的太極，而不只是形式上的太極，因此想請璧名的父親到教室來教導我們，許是機緣未到，一直沒有機會。

早年讀《老子》、《莊子》，他們開闊的哲學帶給我相當大的撞擊。古代的哲人早已道盡生命的過程，解答人生的疑惑，只是我們仍迷惑於現實的虛榮，無法放下，所以焦慮不堪。我感覺《莊子》就是心靈的太極拳，能打開我們的心，使人豁然開朗。

我不是專業的莊子研究者，而是在從事舞蹈、劇場的生活中，逐漸體悟、印證《莊子》的道理。練舞的時候，一旦太在乎，就會貪心，而貪心則是源於覺得自己比別人強，一定要做得更多更好，因此容易被一點小小的挫折打敗。所以練舞的時候一定不能貪心，從基礎一點一點慢慢累積，每天認真地、無心地練，五分鐘、十分鐘、三十分鐘、一個鐘頭，最後能很自然、很輕鬆地完成你的身體，這時候舞跟生活整合在一起，而不是被刻意要求的。就像我年輕時想做劇場卻辦不到，休息十年後不再想做，卻好像有股力量推著我走。如今從事舞蹈和劇場多年，我深刻感受到周遭的人事、環境一直在改變，並非我們所能控制，覺得能夠控制，只是恰巧因緣俱足，就如同《莊子》中的大鵬，必須仰賴深海、巨風，才能飛向萬里南冥。外在的機緣，正同莊子所說，像氣候一樣多變，我們無法預期天氣會如何變化，只能憑藉當下的外在條件，盡力完成。所以老莊說功成不居，劇場、舞蹈，都不是要讓別人看到自己有多麼出色，而是要與所有人共享，為所有的靈魂服務。

莊子說「無成與毀」，年輕的時候在意輸贏，被輸贏的想法束縛，如今已無所謂輸贏。別人問我關於舞蹈，我答：「這只是工作的一部分，不是什麼。」撿紙屑也好、跳舞也好，都是一種工作，認真地去做，都會在過程中得到很多的啟示。我有一位學生，十三歲開始跟著我，今年五十四歲了，大家都喚她「姐姐」。二〇〇九年做《觀》的時候，她擔任總排練，但後來缺人拉布，她就去拉，臺下觀眾只看見河流，但她才是那條河真正的靈魂。練舞的時候一缺人，不論是多小的角色，她便去遞補。她其實跳得非常好，但她卻樂意去做那別人不要做的事。所以今年重跳《花神祭》，我就一定要她跳春芽，那天排練的時候，我看著她跳，掉下眼淚，這是多麼不容易，五十四歲的人，心靈還是這麼的純淨，如此動人。

這麼多年，身為一位身體工作者，我了解到生命最重要的部分不是成就，而是身體。身體是靈魂的家，照顧好、調整好自己的身體，是我這些年很重要的實踐與體會。而我也發現《莊子》所強調的身體原則與我在實踐中所印證的是如此契合。

莊子談「緣督以為經」，強調身體中心線的筆直，將軸心維持在正中的穩定狀態，身體就能達到平衡，所以我們練舞，有右就有左，有前就有後，有往內就有往外，並不是只有單一的方向。在做走路的訓練時，我遵守的也是《莊子》「天之生是使獨也」，重心放在一隻腳上，核心位在正中的位置，腳很輕柔、很緩地走。一開始，身體有些地方是緊的、沒有被解開，後來慢慢地，我發覺我的身體是鬆的，這與《莊子》書中的另一個境界「形如槁木」不謀而合。當重心保持下沉，身體的根基能扎得很穩時，上半身就能像樹枝一樣，很輕鬆地隨風飄舞。身體越能鬆開，就越舒服，但這是要花很長時間練習的，常常聽起來很簡單的一個字，但就是要練一輩子，有的人這輩子還練不出來，那就下輩子再繼續練，而我對《莊子》「形如槁木」的「鬆」境追求，就是抱著永無止境的學習態度的。

身體的變化也會讓情感、心靈產生變化。當你有美好、舒服的身體，看待周遭的一切，就開了。事實上，每個行業都在修行，人是要往光明的地方走，還是一直往陰暗裡鑽，如莊子所說，都是自己可以選擇、可以決定的。年輕時，脾氣不好，看事情很簡單，以為自己是強者、能做很多事，實際上卻面臨很多問題，於是變得容易沮喪，開始有很多抱怨，結果甚麼都辦不到。後來結婚生子，面對生活以後，我再回到了劇場——這段時間我很感謝遇到莊子，幫我解惑、伴我走過很多自認不如意的歲月。劇場裡，大家都可以有情緒，但身為領導者的我不可以。反省過去、做出調整，不斷修鍊、再修鍊。莊子說「心如死灰」，不讓心有任何的負面情緒。以前我只看到人的缺點，現在看所有人，都會看見美好的部分。儘管還是會面臨很多問題，然已從無法承擔，只能逃避、抱怨，漸漸鍊就乘御的工夫。我發現能夠承擔也是一種幸福。

我是用情很深的人，可是我不能要求別人要相同地對我，因為這是每一個人的個性，就如莊子談感情「深情而不滯於情」。跳舞，要真心，當我們真心、內心開始擁有，才能享受真心的痛快。不真心的時候，身體和心就不舒服、卡住了。所以我特別珍惜相處時信任的感覺，但如果有天失去信任，我就退離，不再想、不讓事情留在心底。

看到現在的孩子，尤其用功的孩子，因為跟書桌比較靠近，容易有姿勢不良的問題，加上壓力讓人煩惱、煩躁，身體也跟著緊繃，於是氣血循環產生問題，慢慢衍生成疾病，因此，我希望孩子們能藉由閱讀《莊子》，就此打開他們的身心。我想將壁名出版的漫畫《莊子》送給我的孩子，對大多數人而言，直接閱讀《老子》、《莊子》或許太過吃力、有隔閡，但透過一幅幅的圖畫、一句句的白話翻譯，就能讓人慢慢地讀懂、接受《莊子》精彩深刻的道理。

我一直以來是順其自然地在舞蹈、劇場這條路上走，能有這個機會讓我把生命經驗和《莊子》作出交會，真的非常難得，我很感謝壁名的用心。每回讀《莊子》，我的心情都是很好的，希望這次壁名出版的漫畫《莊子》，也能打開所有人的身心，帶給你相同的鼓舞和感動。

推薦序

漫畫南華老仙

清華大學中文系教授
楊儒賓

嚴復、殷海光、湯川秀樹、海德格，他們之間有什麼交集？他們的專業沒有什麼交集，他們的交集在莊子揭露出來的思想。

蘇東坡、袁宏道、聞一多、尾崎紅葉，他們的文學有什麼交集？他們的作品主題沒有太大的交集，他們的交集在於莊子噴發出來的想像。

黃公望、倪雲林、蔡志忠、橫山大觀，他們的繪畫有什麼交集？他們的繪畫風格頗紛歧，他們的交集在其繪畫中都有莊子的因素。

一種可以治百病的萬靈丹通常是連日常感冒都治不好，一種老少咸解、深入淺出的暢銷書通常是淺入淺出，作者不說大家也懂，大家看了其書卻仍不懂。但莊子這部書不可如此類比，上述這些人物都是明眼人，都是具有歷史影響力的大智者。他們看莊子，確實看到反射形形色色光彩的寶珠，就像《莊子》一書中所說的「玄珠」一樣，這樣的玄珠會隨機應感，對不同機緣的人提供不同的智慧。

一部書可以不斷地再詮釋而仍有新義出現，通常只有嚴格的經典才會有這樣的法力。嚴格意義的經典，如《論語》、如《新約》、如《法華經》、如《易經》、如柏拉圖的《對話錄》，它們的著作即使再歷經千秋萬世，即使已有千人解，萬人解，仍然還會有人努力不懈地作不同的解讀。經典的意義是客觀的，不可主觀地解讀；但經典的意義也是需要主觀化的，要不斷深化地詮釋。經典超越於主觀、客觀之上，但又包含主觀客觀於其中，《莊子》正是這種等級的經典。

為什麼經典不可能像數學題一樣，題解即解，一勞永逸？因為這些經典都敲擊了存在的奧秘，都穿透到深不見底的人性深層，它的層級在知識之上。它從來不提供明朗化的問題讓理智可以全程掌握，它只是牽引我們進入，既進入經典文本的世界，也進入自家生命的奧秘，也同時進入自家生命與周遭世界的調整的歷程。經典和讀者的關係不是一次性的，讀完即完，它與讀者的生命一齊成長，悠悠涉長道。

在眾多的經典中，《莊子》一書可能提供了最少的理智可掌握的知識訊息，但卻可以引發最大的生命能量。因為莊子的語言不是理智的語言，不是正經的制式語言，不是引人下墜的日常八卦。他用的是神話的隱喻，是詩歌的比興，是與生命同時興起的渦旋之語。莊子不寫形式意義的詩，但他的文字漲滿了詩意，他本質上即是位詩人。這位詩人是三古時期（《易經》說的上古、中古、近古）的詩人，這樣的詩人不談風花雪月，四聲八病，他的詩、思、志、辭一齊朗現。詩人莊子的文字表現出了道的語言，道的語言即是所謂的「道言」，莊子說：「道言」是既荒唐、無端崖，但又最活潑，最能引發生機。

「道言」的光譜很廣，莊子甚至說「言無言」，沉默也是一種語言。如果連沉默都有這麼豐富的意義，那麼，我們怎麼進入道言的世界？莊子告訴我們：最好用嬰兒的體感進入，用初生之犢的眼光遊入。莊子的用語常介於嚴肅（莊子稱作「莊語」）與詼諧之間，「滑稽」一詞就是他首先使用，並且大加發揮出來的。「滑稽之言」不可不信，但也不可字面意義地相信。我們很難相信莊子會認為嬰兒或小牛才是聖人，但聖人和赤子或小牛的行為模式應該有可以類比之處，所以莊子才會大肆張揚兩者的相似性。莊子明顯地告訴我們：學者想要瞭解道，不要用一般的眼光，要別具隻眼。莊子沒有說：如果連初生之犢之眼都可洞見大道，那麼，必要時，借漫畫進入亦可。莊子沒說過漫畫，他也沒看過，但他講過「解衣般礴」的繪畫故事。「解衣般礴」乃是「姑妄言之」，「姑妄」即「漫」，「漫」可語，可畫，「解衣般礴」的繪畫其實也是種漫畫。漫畫中也可以有深意藏焉。

莊子被後世煉丹之士視為南華仙人，南華仙人遊戲神通，出入無礙，他也會欣賞漫畫的。

推薦序

「道」，行之方顯

中國醫藥大學 學士後中醫學系副教授
林伯欣

與失意的朋友對談時我常提到「有心求，無心得。」

與陷於歧路的學生相聚時總要他們「放鬆，學走路；讀書，認真過生活。」

璧名教授的大作包含了這些光明。

猶如莊子，猶如古典中醫。

人類對「生命」真相的探求與渴望，從來沒有中斷過，因為那是自然而然的本能。我們就想這樣做、總想多知道一些，似乎那會讓我們的人生變得更篤定踏實。透過宗教、文化、哲學、科學、藝術、音樂、攝影、閱讀、旅行……等媒介，不同世代的人們試圖反覆進出感受、觀察現象、暢言思維、開展理論、留下記錄，其範疇之擴展，橫向已涉及三世、縱向則貫穿三界。然而，在各種與生命相互浸潤繾綣的歷程中，我認為沒有其他任何一種路徑能比來自醫學所給予的回饋力道來得更強烈、直接而明確。

古典中醫學自東周以降向來不入家、流，後世歷朝亦多視醫道為社會邊緣之小術。然追本溯源可知，醫學創始初衷本不在恃技獲取名利權勢，經典的重要性與特殊性從時人將之「藏諸金匱」，守於王室之中也不言自明；更重要的，祖師大德們實不關心中醫之名相是否入流成派、開枝散葉。古典中醫學本是一門「神、覺、心、體、技」合一的學問，理論、覺知與驗證必須同時存在、三位一體；因此「生生之具」如何勤而行之，成為靈魂裡「日用而不知」的一部份，才是古典中醫界內部的高標準專業規範與試圖擴展普及予時人的生命期許。

古典中醫學的經典文獻一向具備多重功能的特性：理論、原則、邏輯、現象、歷史、經驗與實作方法。正如《黃帝內經》認定的生命狀態應該透過「形與神俱、與天地合、正其身心、凝神守一」達成，但該身心境界只憑理解無法進入，必須重視日常生活作息及飲食起居、按天地四時規律生活、關注意識、呵護神明，透過「寡欲、少私、靜心、超然」等初階神形互涉的紀律，逐漸朝養成「賢人、聖人、至人、真人」等不同層次自然淨靜的生活方式與身心境界前進。這不僅是時人想望追求的生命型態，也是對醫者的基本要求：「為醫者，務先成人。」在無現代儀器與數據可供使用的時代，醫師於醫療過程中唯一能依賴的只有自己，在一人同時扮演傾聽者、檢驗者、判斷者與治療者等多重角色、又要避免自身受病患多種病邪所傷時，醫者除了專業知識的累積之外，在精神與肉體層面皆必須不斷維持在穩定而專注的高能狀態；若無法試圖「移精變氣」——改變生命神形的運作狀態，則「祝由」、「方藥」、「導引按蹻」與「針灸」等療法便無法發揮真實效果於極致。因此不斷回歸真正的生命狀態是人心所嚮往，也是為醫者必須貫徹之終始；先賢因此將前述原則置於《素問》書中首篇——〈上古天真論〉之用心於是昭然可見。

中醫經典的深度底蘊不僅呈現What與Why，最重要的是引導讀者一步步進入How的世界：化渺茫虛幻於務實，指路於前。使高深不可攀的「上古聖賢」思維與邏輯轉換成可於今世當下實際操作運用的方法：如何應人、診心、馭神；愛形護命、以養其生。經典之珍貴在於協助讀者努力成為「平人」——精神與肉體和諧清靜的生命體，然後得以在每一個當下安身立命於天地間。至於診邪治病、救死扶傷之事，「平人」眾生已然不需要，而「平人」醫者則藉此濟世、不斷提升。

以上淺見，若將「中醫」置換成「莊子」，或可算是我對璧名教授大作錦上添花之狗尾。璧名教授長年以來對《莊子》之理解、詮釋與日用，猶如〈天道〉輪扁所言：「不徐不疾，得之於手而應於心」，也似〈養生主〉中庖丁之「臣之所好者道也，進乎技矣」。其道與技的相輔相成，讓這本書的內容呈現出平易近人、卻又隱含深意的風貌，值得推薦。

閱讀本書，彷彿看到一個有心之人、做著無懼之事。因為真正感受過生命的無價，所以有心；因為實在透徹了人生的流轉，所以無懼。在已過度追求快速、效率、潮流、名利的現世，請讓慌亂不安的心遇上「莊子」，重新安養，以平為期。

為何此刻讀莊子

Why Zhuangzi
Why Now?

蔡璧名

之人也，物莫之傷。大浸稽天而不溺，大旱金石流、土山焦而不熱。（《莊子．逍遙遊》）

這是莊子筆下的神人。外物傷害不了他，漫天洪水也淹不死他，即使旱災嚴重到讓金屬、石頭都熔化，焦灼了土地和丘陵，他也不覺煩熱。

◆　◆　◆

負責教授莊子乘御之道的工作，剛巧跟莊子筆下的「庖丁」一樣，已經十九年了。

十九年屆滿前，我適時對一大班學生說了：「我教《莊子》，常覺愧赧，因為此生過得太順遂，總不知大好天氣裏的逍遙喜樂，果真同於莊子逆境人生裏的逍遙喜樂？好像得要有更重大、無常的巨石落下，擋住我順行千里的去路。假使還能乘御得了，那逍遙才真。」

天，於是就送給我一個，我要的禮物。當晚，還是當月？當年？癌症第三期，惡性腫瘤九公分。第一位看診的西醫師撫著冒汗的額頭，用英語對身邊的助理說：「我從來沒有碰見過，這究竟是什麼東西啊！」——西醫說癌細胞從零增生到一億個、構形一立方公分的腫瘤，只需時一月。那麼推算起來，從醫生手中領取診斷書，已是罹癌九個月後的事。

學生在我「最後一週」的課堂上，幫我舉辦了動人的惜別會。禮物、吉他與歌。還有多得驚人的淚水。人能活著親眼目睹自己的追悼會，是很幸福的。後來才知，教室坐滿、站滿在校、不在校生的原因，是ＢＢＳ上誰貼了「如果你要上蔡璧名的最後一堂課」這樣的訊息。

婦癌病房中，書法家好友託人送來一幅墨寶，正是健康的日子裏我沒能討得的那幅。包裝捲軸的淺褐色宣紙上，有意無意斜斜草草地題著開頭的那段文字。想書法家好友以為我將死，才忍割昨日難割之愛（那真是好字哪！）。卻又在外包裝上題字提醒執教莊子的我：大難當前，莊子說，可以不死。

持莊子之道，可以不死。

《莊子》一書，就是要教會讀者如何轉危為安、如何駕御人生遭逢的任何處境——尤其逆境。就在得知死亡率百分之七十五、健保卡烙印「重大傷病」的那刻，我意識到：莊子所說的異常天候來了！

生命的傷痛隨處可拾，但重症病房可以把傷痛的級數拉高到極至。從胴體的底端到子宮、胃腸到淋巴，病位有多廣，受輻射治療、化療而破裂的黏膜、傷口，就可以有多長。

一個必須緊跟著我四十二小時的化療點滴幫浦，不時傳來嗶嗶的聲音，並不理會金屬離子一滴一滴注入、流淌於血管中那既冰涼又刺痛的駭人節奏。

「明天的輻射療程劑量較大，一旦腸子爆裂，我們會當場幫你開腹、動縫合手術。」醫師是這麼說的。

當看護請辭，一身傷口無法自清的我只得向外求援。「大家都很忙，如果沒事，就不要一直打來。」電話那端傳來熟悉的聲音，是對我向外求援的回應。

這是癌症病房裏，身體之外的世界的聲音。當我向外傾聽，傷痛的心、混亂的氣血、衰敗的身體，加乘著、攪擾著，就要一起下地獄去了。

我的心，必須終結負面情緒。

我的念頭，必須關機。

我必須入睡，才能停止痛苦。

當身體的衰敗到一定程度，竟可以如此明確地發現，我的慌張、心痛、憤怒……情緒的傷痛只要加重一分，身體原本缺乏津液、有傷口的黏膜，便會出血難止、傷口加劇，同步惡化！

如何終結負面情緒？

念頭如何關機？

如何從滴滴蝕心的劇痛中速速睡去？

照之於天。看見今天，還有無數的昨天。想當下這麼回應的她曾經那麼愛我的昨天，謝謝她。

其神凝。注意力集中在心窩、在眉心、在丹田，專一凝注。專注裏只剩下平靜的心情與呼吸。

念頭離開傷痛的此刻。

情緒不再起伏，念頭不再擾動。

未睡身，先睡心。心睡了，知覺的痛苦自然消失。醒沒多久，此次療程結束了。

槍林彈雨。是的，唯有我的心能成為這具身體的理想君王，才可能帶領、護衛身體各部將領士卒，從槍林彈雨中全身而退。

「要看電視嗎？」正子掃描檢測時護理人員問我。「不看，不看了！」病前，我的心，我的眼，我的注意力，外逐的時間夠多了。病房的日子，因為需要，因為成效，我才得以發現：莊子將感官的注意力向內觀照自身、精神凝聚於內、不放任情緒攪擾的這些方法，可以讓身體從混亂的傷痛中平復，可以如是安靜、舒適。

於是，遵照莊子的用心處方，住在耳聞陣陣呻吟、哀嚎的婦癌病房樓層，我的病房竟可以風景殊異般地傳出笑聲。依循莊子的身體處方，我豎起脊梁、腳步力求虛實分明地走在候診室，使我在成排成群或青、或黃、或黑沉、或蒼黃相兼的憔悴病容中，仍可以寬心微笑、保持較好的氣色。即便躺在病床上，強化與放鬆並濟的身體鍛鍊也無需因臥病在床而中斷，可以隨時進行。（後來這套處方，有學生也讓剛中風的父親從住院初期開始日日操練，這位醫學院職能治療系畢業的學生轉述，父親在加護病房住院的頭兩週氣力便顯著恢復，且在臥床長達一個多月、轉入照護病房後的第一週便能坐直，第二週就能練習站立、踏步，幾乎沒有臥床病人肌肉萎縮的後遺症。）

因為莊子，我沒有把癌症三期視為噩運、看作一場災難，而認定它有可能讓我的心身放此一假、經此一役而知所調整，以致比病前更加強壯。日後回想，重大傷病也可以成為教人感恩銘記的最佳禮物！為了迎接這份天賜的禮物，莊子的身、心之道必須從紙面裡站出來。豎起我的脊梁，打開身上筋肌氣血的滯鬱與糾結，教導我如何走路復健、如何站著、坐著、躺著。如何以無念代替思慮，以包容取代對抗，以智慧澆熄煩惱、以及所有多餘而無謂的情緒。

五個月不到，無需進入醫生預期的第二個療程，不必進行駭人的手術，腫瘤不是割除，卻已消失。長庚放射線科洪主任閃爍著眼、驚歎再三：蔡老師，妳的病真的不是我的手醫好的，這是上帝的賜予！這是醫學的奇蹟！

不只可以不死。設想一套可以輔佐「癌三」病人從瀕死歸來的身心技術，理所當然，可以讓無病的平人、未罹重症的常人循行而上，遠離病苦，且日益升進，甚至登峰造極。

天外飛來。當生命中落下一顆巨石。如何駕御它、控制它、丟掉它、超越它？

◆ ◆ ◆

罹病前，每週總有幾天熬夜至天明，早上八點便又站上講台，好像已經完全忘記：照顧好自己，也是身為人分內的工作。病房中我才明白，這樣的我，其實並不孤單。

這是一個甚麼樣的時代啊？莊子以凶器象徵、譬喻的時代之傷，當代則藉由精準的統計數字，一一浮現：

三點五人中，有一人罹癌。

三個青少年中，有一人罹患憂鬱症。

二個大學生中，可能就有一人因嚴重憂鬱造成學習障礙。

四對中，有一對離婚。

工作壓力，環境問題，社會問題……等，各種在過去相對較不「文明」的時代不曾出現過的問題，正大肆攻擊著現在的人們。沒有戰火的時代，戰火可以隱藏在食物安全之中；沒有斬首士卒的時代，殺戮可能正以食、衣、住、行、甚至育、樂等另一種方式，緩慢而無聲地進行。當代不是戰國，卻又無異於戰國。

福輕乎羽，莫之知載。禍重乎地，莫之知避。（《莊子．人間世》）

莊子身處的戰國時代，人能擁有的福份比羽毛還輕薄，飄忽不定讓人不知道該怎麼去承接、擁有；而災難禍患卻正如當代的霧霾、輻污般，比山河大地還要沉重，想要閃避卻不知道有什麼方法能全身而退。莊子用佈滿斧頭、刀刃、機關弓、羅網、捕獸器的空間來象徵所處戰禍頻仍的時代，而在這空間裏生活的人們全都像置身在神射手后羿放箭可及的射程中。

當時，出兵規模動輒十萬、數十萬人。

一次戰役短則數月、長則達數年之久。

一次戰爭中被斬首、殺害的士卒可達數萬、數十萬之多，正可謂「爭地以戰，殺人盈野；爭城以戰，殺人盈城」《孟子．離婁上》，因國君爭奪土地城池而戰死的百姓屍體，充滿原野和城邑。

而莊子，就在這麼個佈滿羅網、暗藏凶器的時代社會裏，擔任一個小小漆樹園的，小小吏。

撰寫《史記》的司馬遷是這麼介紹莊子的：「莊子這個人，生於『蒙』地，單名周。他曾經當過蒙地漆樹園的官吏，與梁惠王、齊宣王是同時代的人。」

必須承受、最能感受時代之傷的，莫過於金字塔底層。

是莊子。難道不是你我？

是當代。好像也是戰國中期！

道家者流，蓋出於史官。（《漢書．藝文志》）

班固在《漢書》中記載諸子百家的起源，認為道家應是源於負責整理、記述史實的官吏。「史官」以空中盤環鷹隼的高度鳥瞰歷史縱深所照見的，究竟是甚麼？而這雙俯覷紅塵之眼，被史家視為：道家所以能成為道家的，重要根源。

甚麼得要穿透歷史的縱深，才能明白照見？

穿越歷史縱軸，史官一目瞭然的是：先秦時代便有人慨嘆「人心不『古』」，思想家便已明白昏君必見的本質是獨獨看不到自己的過失（「不見其過」、「知人之過，而不知其所以過」），暴政必具的本質是不把百姓生死當一回事（「輕用民死」）。從上古至今，從先秦到現在，史家了然胸懷的是：懷抱良知的古心、由聖君賢臣治理的清明之世，並沒有因黎民百姓的翹首等待或布衣書生聲嘶力竭的召喚諫言而就此出現。

道家思想的起源，應是由於洞見蕭條異代都同樣湧動著如風浪翻滾、層出不窮的普世之傷。

椰林道上千輪翻，輪攪愁腸結復纏，
怎奈名花已有主，如針絲雨摧心肝。

學生的小詩。馬路、情路。升學狹窄之路，謀職艱難之路。人生的路泰半如虎狼口、后羿弓，步步驚心，皆可能傷。今天又誰中箭，落馬？迢迢阡陌，誰人不曾受傷？

幸福，所以不簡單，因為擁有幸福的必要條件通常多元。只要有一件還在途中，尚未達成；只要哪一樁以為圓滿，卻忽然破滅，就傷了、痛了。於是獨自療傷、咬牙忍痛，幸福便停格在可思而不可見、可望而不可及的遠方。

找對教練，才能授受對的方法。

學開車，得去駕駛訓練班。不然直接上路，沒來得及享受乘御馳行的快感，恐怕已飽受眾輪輾過、血肉模糊的痛傷。開車如此，用心、用身、用情又何嘗不然？為何影響人一生至鉅的姿勢、意識與感情，竟絲毫未經學習？

有真人，而後有真知。（《莊子．大宗師》）

莊子說，是先有經修煉而明白天地之理、已經達到人所能達到至高境界的真人，才有真人在實踐中所體悟到的永恆真理。

《莊子》隱身在經典群中，已閃爍千年，因他提出一套人人可以執簡御繁的療癒、強化心身的方法。原來自己的心，才是最值得征服的戰場。原來心不止可以煩、可以亂、可以傷，還可以自在飛翔。原來心情好壞，也是種可以自主的選擇。原來內心安定，才是迎戰亂局最有力量的武器。原來讓身邊的人學會安心，是送給情人最好的禮物。原來日常生活中的走、站、坐、臥，只要選對姿勢，效果將遠勝每週額外運動數小時。原來只要掌握「深情而不滯於情」的用情原則，便可無傷、悠遊於情場。原來人生的方向，比行進的速度來得重要。原來命途中的逆境，可以不是噩運，而是可供強化生命的機緣，是上天落下最珍貴的禮物，若能好好把握、珍惜，將是比如意順遂更值得紀念的風景。

所以，莊子提出一套可以強化身心的無價技術，供給所有待於外在世界而等不到黎明到來的人。在期待清明太平之世、公平正義之日到來的同時，與其悲觀陷溺、病苦掙扎，不妨自泥淖中起身，用等量的時間、或更大的心力，致力培養、強化自己的乘、御之力，使得在任何混亂的、黑暗的、虛假的、墮落的時代，都能有足夠的身心能力，乘御一波還勝一波的無止風浪。

◆　◆　◆

當大難之後，全身而退，身心完好無缺地回到「莊子駕訓班」繼續傳授莊子之道的這天，莊子的座騎「莽渺之鳥」，才給我啣來一枚教授《莊子》的合格證書。我於是拿起筆，仔細刻畫豎起我重生脊梁的心神精氣、林林總總。以便所有想一窺莊子真面目的讀者，都能因此習會這套可以強化身心的無價技術。

《莊子》開篇〈逍遙遊〉讓讀者明白：人生目標的設定，與生命中的逍遙、快樂，密切相關。

是只能零星偶見、稍縱即逝？還是可以源源不絕、愈發充沛？這都要看你是選擇當一隻不斷外逐的飛鳥；還是選擇作一棵持莊子之道，將核心目標設定在自身，因此隨著年輪漸長，扎根能夠漸深的，大樹。

倘若我們受到世俗價值或儒家文化影響，將目標設置在外面的物質世界、家國天下，則萬般皆需依賴、等待外在條件的配合，成敗難以預期，身心也將因此隨之起伏擺盪，不得安寧；但若是以提升、富足自我心身為人生目標，那麼無論外在世界是順境、逆境，都可以選擇安然面對。莊子並非要我們拒絕所有的世俗價值或儒家文化，只是指出人可以將對外在世界的執著轉向，致力於自我身心的提升，這樣逍遙與否，才能真正操之在己。莊子以此點出莊學目標設定與儒者人生目標的差別，並由此呈顯莊學至人典範與儒家聖人典範的殊異，再以這樣的不同帶領讀者進入何者有用、孰為大用的深刻反思。

自我身心的提升要如何做到呢？次篇〈齊物論〉首先描繪人人皆可達到的身心境界——身體可以如不夾濕帶水、全然乾透的枯樹一樣，無比輕靈；心靈可以如冷卻的灰燼，時時刻刻維持在不會起火、不生負面情緒的狀態。這樣的境界要怎麼達到？莊子點出世俗之人無法成就如此境界的關鍵，在於總讓自己的想望、欲求都朝向外面的世界，縱容自己的身心執迷、攪擾於外在世界的得失成敗、是非毀譽、美醜優劣、貴賤貧富、聚散離合、生老病死等，無法盡如人意的動盪不安之中。身體因此坐立難安、心神於是煩擾糾結，生命就這樣逐漸減損衰敗。

莊子告訴我們，何不選擇讓心靈成為百骸、九竅、感官真正的主宰？——在與外在事物交接往來不斷練習的過程中，改變過去看待是非對錯、美醜好壞等既有的成見，就像平心看待日有晝夜、年有四季一樣，學習體諒、接受世上所有的不同；能夠跳脫所有事情都得順隨我意的框架，像接受命定裏人人迥異的形貌、處處不同的風景般，體諒、包容任何的立場，安然地接受無法操之在己的人、事、物。習慣時時刻刻關注一己的心靈，是否和冷卻的灰燼一樣安定祥和，如此一來，無論是與外界互動、用心或是用情，便可日漸免除負面情緒的攪擾。

既然心靈能如死灰一般寧定，那身體要如何才能做到像乾透的枯木一般，輕靈放鬆？第三篇〈養生主〉開頭就明言身體的操作原則，只要做到隨時保持以督脈作為身體中心線，也就是脊椎垂直地面，就夠了。一旦我們能夠時刻保持中正脊椎，並注意站立行走時重心儘量只放在一隻腳，就能讓需倚賴脊椎之力撐起的全身肌肉得以維持在毫不緊張、無需施力的最放鬆狀態。放鬆，如打開身體的結，於是告別氣血不通所致的酸痛；放鬆，自然遠離僵硬。能夠循此原則使周身漸趨放鬆輕靈，乃是擁有健全身體、完遂人生目標、得以照護家人、享受全幅生命、活到自然年壽的必要條件。

莊子又透過「庖丁解牛」的故事，點出擁有上述完善的身心境界，是一個人的專業之所以能出類拔萃、爐火純青的重要條件。同時提醒我們，身在滾滾紅塵中，致力愛養心神，練就遊刃有餘、外物無法挫傷的心靈狀態，更是專業人士能夠成就專業、成藝達道的關鍵所在。

最後以世人容易執著、最受牽絆的「感情」為題，莊子要我們明白無論相遇或離開、擁有或失去，每個際遇都屬自然。即使面對最深摯的情感發生最無可奈何的變局時，也可以避免讓過度的悲傷、喜愛、厭惡等情緒攪擾心身。練習放下對情感的執著陷溺，學習安然面對生命中的情感課題。如此，依舊可以深情對待身邊所愛，但不再陷溺於情感泥沼中，折損身心。

從〈逍遙遊〉提出的人生目標的設定、〈齊物論〉傳授的如何泯除分別、平息攪擾的齊物攻略，到〈養生主〉中兼括身體技術、心靈工夫與用情原則的養生大要，莊子要告訴我們，原來在這天地之間，沒有翅膀，也能自在飛翔。

◆ ◆ ◆

鍾鍊十九年才得著成的這本書，要獻給：不甘心陷溺在情感之浪、疾病之海、還有盼不到天明到來的黑暗時代，與莊周同樣哭過、傷過、痛過，卻仍沒想放棄希望，仍想在猶如后羿弓箭射程內的紛亂人世裏免於中箭傷亡，仍想在狂風謔浪中輕鬆乘御。仍想一個人快樂、一個人也能幸福。不想在統計數字顯示的機率中僥倖掙扎，而想把疾病拋到老遠。在最黑暗的時代，最艱難的處境中，仍有勇氣起身，鍾鍊生命強度，嚮往從此即使在亂世之中，仍過著神仙生活的人。

導言一如導覽。

以上正如讀者身在臺灣島內，聽我描述阿里山的風景。僅及二、三，難以概全。但分明你佇足之處就與阿里山如此靠近，實在沒有理由只聽我訴說，而不親臨現場，飽覽神木、雲海、日出、櫻花。

而《莊子》，這部富含身心技術、人生哲理的無價寶藏，並非撰以希伯來文、阿拉伯文，而是你我最最熟悉的方塊字，漢字。筆者所帶領的團隊以最貼切的口語與生動而更能貼近廣大群眾的漫畫所演繹的，並非個人會心局部、覺察重點的信手拈來；而是敬步原玉般地逐字逐句、逐節逐章，經典與詮釋之間、詮釋與圖象之間，務求相投相契、若合符節。

莊子隨症處方，求藥卻因人隨症而異。唯恐詮釋者所取，未符讀者諸君所需，豈不憾哉！因此《莊子》通篇全錄，而非節選。一字一句一節一章一篇、二篇、三篇……，不敢缺漏，詳實完整地著成這系列、這部書。

讀者無需擔心詮釋者挑錯重點。也無需由稀釋過的糖水，揣想原初蔗糖的甘香濃郁純粹。

一陣風，是傷風致病？還是涼風送爽？

一句話，是毒藥？還是磨刀石？

不是被風決定，不是被話語決定，而是由你決定。

讀莊子前，心隨境轉。你在風浪之間，載浮載沉。

學莊子後，境隨心轉。風浪在你的腳下，任你乘御遨遊。

所有乘御之道，開卷，有請。

——二〇一五·四·十七夜

壹 逍遙遊

one

北冥有魚

北冥有魚，其名為鯤，鯤之大，不知其幾千里也。化而為鳥，其名為鵬。鵬之背，不知其幾千里也。怒而飛，其翼若垂天之雲。是鳥也，海運則將徙於南冥。南冥者，天池也。

齊諧者，志怪者也。諧之言曰：「鵬之徙於南冥也，水擊三千里，搏扶搖而上者九萬里，去以六月一息者也。」野馬也，塵埃也，生物之以息相吹也。天之蒼蒼，其正色邪？其遠而無所至極邪？其視下也，亦若是則已矣。

且夫水之積也不厚，則其負大舟也无力，覆杯水於坳堂之上，則芥為之舟，置杯焉則膠，水淺而舟大也。風之積也不厚，則其負大翼也无力。故九萬里則風斯在下矣。而後乃今培風，背負青天，而莫之夭閼者，而後乃今將圖南。

蜩與鷽鳩笑之曰：「我決起而飛，槍榆枋而止，時則不至，而控於地而已矣。奚以之九萬里而南為！」適莽蒼者，三飡而反，腹猶果然；適百里者，宿舂糧；適千里者，三月聚糧。之二蟲又何知！

小知不及大知，小年不及大年。奚以知其然也？朝秀不知晦朔，蟪蛄不知春秋，此小年也。楚之南有冥靈者，以五百歲為春，五百歲為秋；上古有大椿者，以八千歲為春，八千歲為秋。而彭祖乃今以久待問，眾人匹之，不亦悲乎！

湯之問棘也是已：「窮髮之北，有冥海者，天池也。有魚焉，其廣數千里，未有知其脩者，其名為鯤。有鳥焉，其名為鵬，背若泰山，翼若垂天之雲，摶扶搖羊角而上者九萬里，絕雲氣，負青天，然後圖南，且適南冥也。斥鴳笑之曰：彼且奚適也？我騰躍而上，不過數仞而下，翱翔蓬蒿之間，此亦飛之至也，而彼且奚適也？」此小大之辯也。

故夫知效一官，行比一鄉，德合一君，而徵一國者，其自視也亦若此矣。而宋榮子猶然笑之。且舉世而譽之而不加勸，舉世而非之而不加沮，定乎內外之分，辯乎榮辱之境斯已矣。彼其於世未數數然也。雖然，猶有未樹也。夫列子御風而行，泠然善也，旬有五日而後反。彼於致福者，未數數然也。此雖免乎行，猶有所待者也。
若夫乘天地之正，而御六氣之辯，以遊无
窮者，彼且惡乎待哉！故曰：至人无己，
神人无功，聖人无名。

〈北冥有魚〉前言

驢子的胡蘿蔔，在外面。

鳥兒的蟲子、菓子，在外面。

鳳凰的枝頭，在外面。

大鵬的夢土，也在外面。

愛情、財富、房子、車子、位子，人的一生啊，更是充滿了在外面的憧憬、在外面的嚮往、在外面的誘惑、在外面的目標……。

在外面的，等待。

等待他迎向妳。等待你追上她、或他、或它。等待終於掙得、擁有！彷彿人生原本充滿缺憾，正憑藉完遂諸般有待於外的追求，才能趨於完整。

樹則不然。鳥兒飛行的目的，可能是樹。但樹的目的，卻是它自己。星霜夜露，四時雨風，有生之年，所有的風景，都助成它年復一年壯大的年輪，茂盛它漸得庇蔭相逢者的濃蔭。那樹，它孤獨嗎？抬頭一看，才發現不知何時起，樹，與同樣朝天空緩緩伸展的鄰樹，啊，林樹——十年？百年？千年的？——早已連理、交枝、合抱了。

——二〇一五・二・六夜

壹——壹

北冥有魚

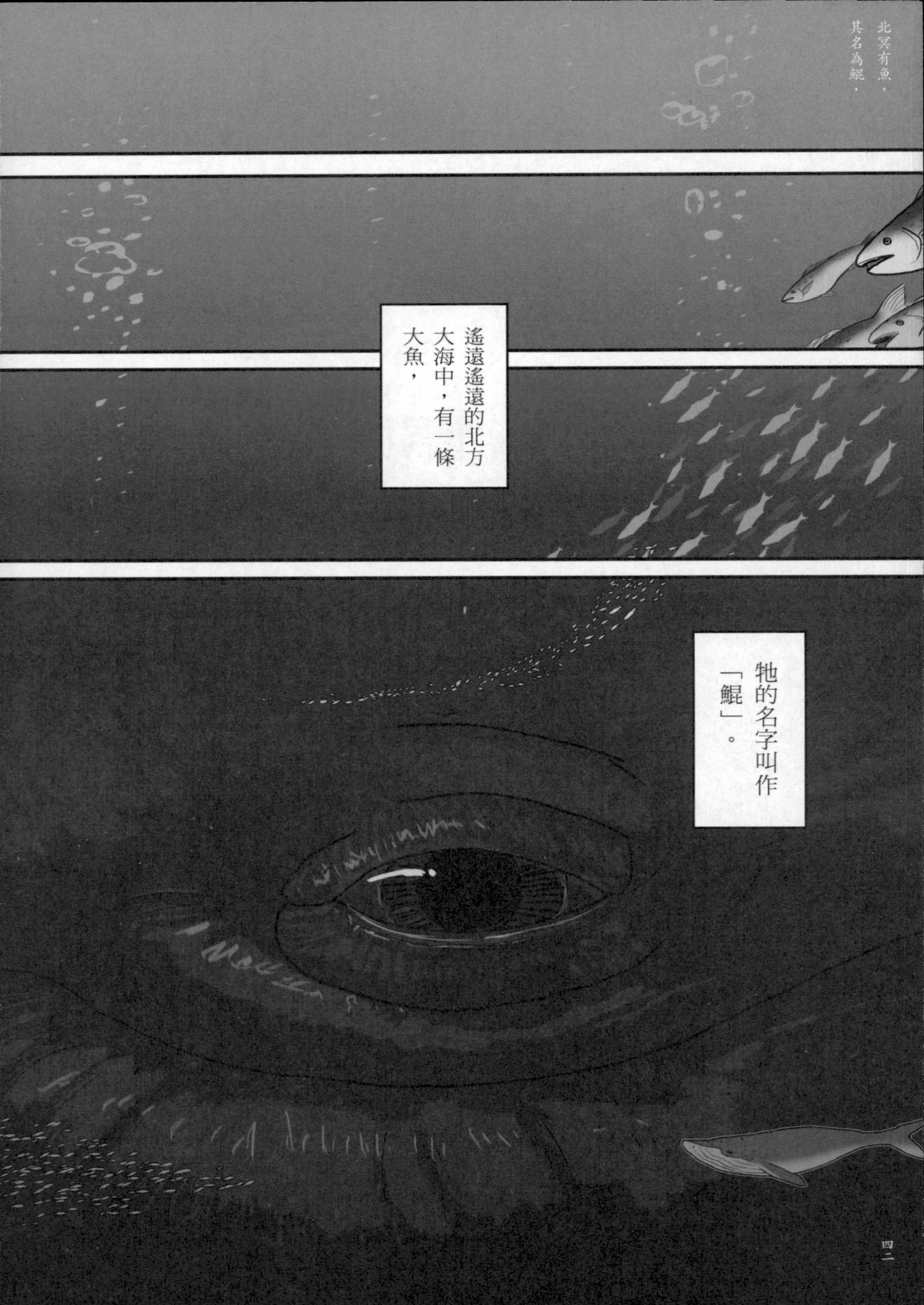
北冥有魚，其名為鯤，
遙遠遙遠的北方大海中，有一條大魚，
牠的名字叫作「鯤」。

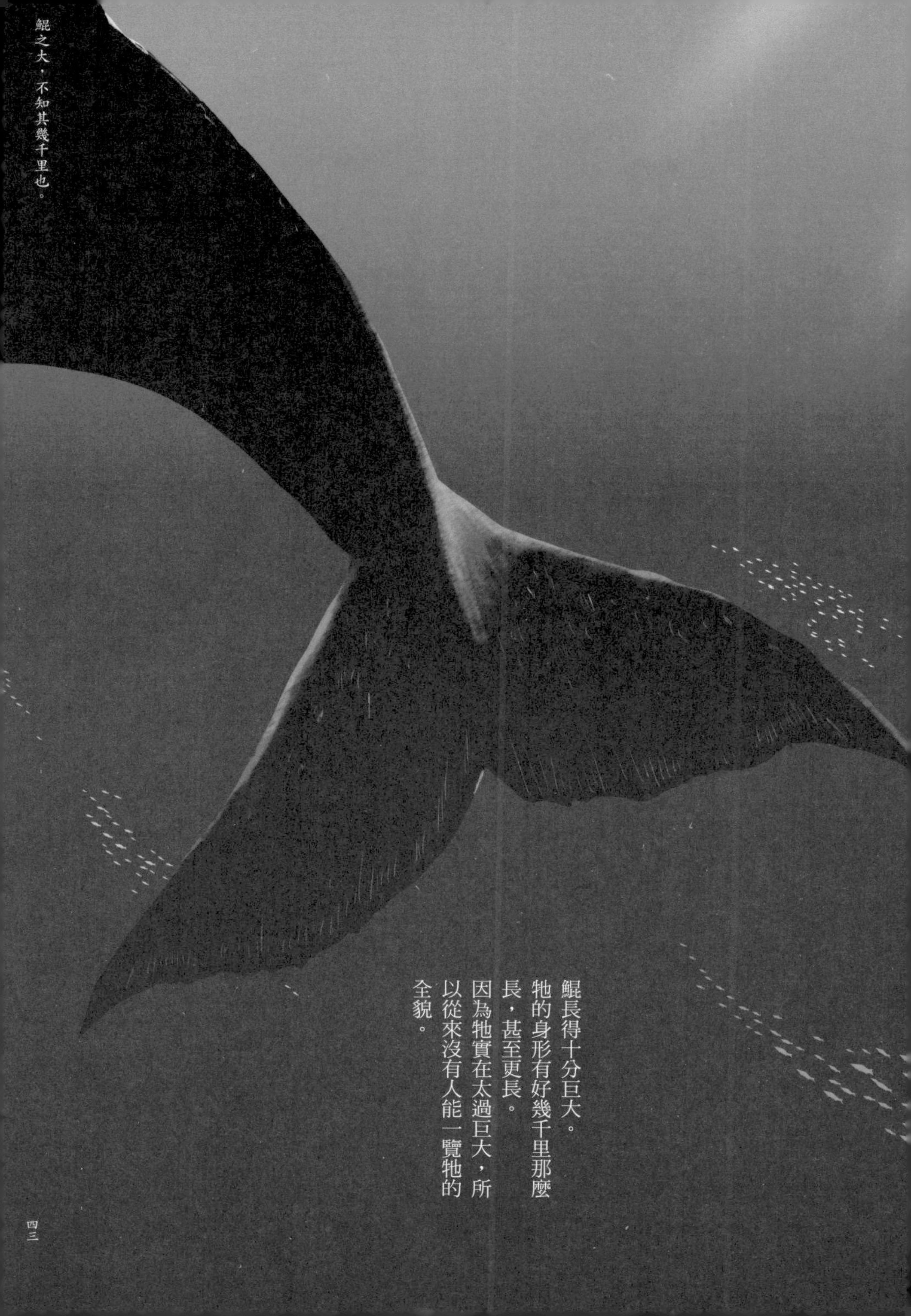

鯤之大，不知其幾千里也。

鯤長得十分巨大。牠的身形有好幾千里那麼長，甚至更長。因為牠實在太過巨大，所以從來沒有人能一覽牠的全貌。

化而為鳥，其名為鵬。
有一天，
鯤離開海洋，
變化成叫作「鵬」的大鳥。

牠的背，有好幾千里
那麼長，甚至更長。

鵬之背，不知其幾千里也。怒而飛，其翼若垂天之雲。

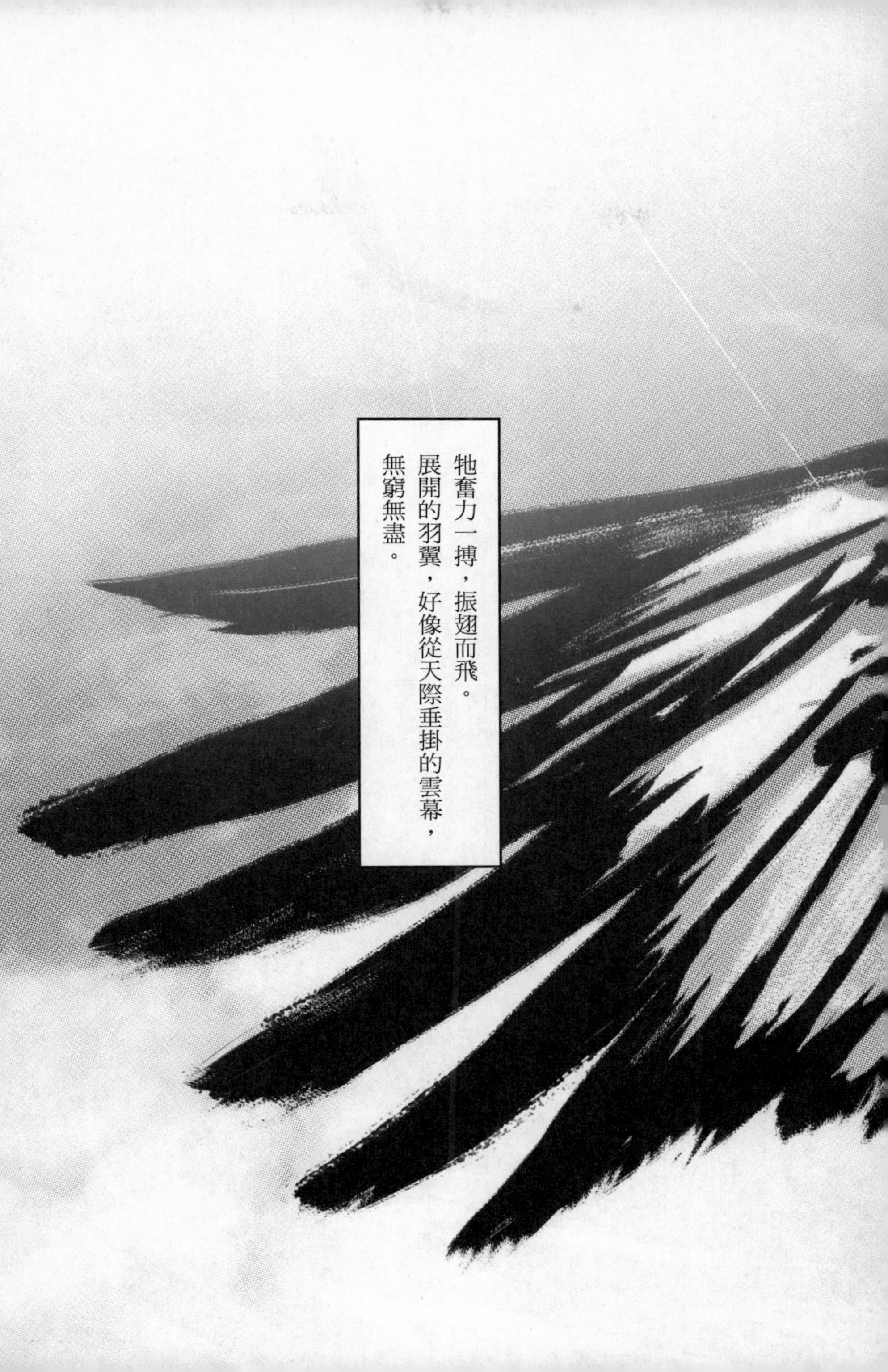
牠奮力一搏，振翅而飛。
展開的羽翼，好像從天際垂掛的雲幕，
無窮無盡。

是鳥也，海運則將徙於南冥。

當大風吹起，
海洋洶湧動盪的時候，
牠便啟程，
飛往最遙遠的南方，

那片廣闊無垠的「天池」。

南冥者，天池也。

齊諧者，志怪者也。諧之言曰：「鵬之徙於南冥也，水擊三千里，摶扶搖而上者九萬里，去以六月一息者也。」

齊諧這個人，
專門記錄光怪陸離的事物。
他說：
當大鵬要飛往遙遠的南方，
雙翼一振，
有深達三千里的大洋供牠起飛，
有高達九萬里的飆風載牠上行，
憑藉這相隔六個月才會碰上一次的大風海動，
牠才有辦法向最遙遠的南方飛去。

當大鵬飛上高空，
看見雲氣如野馬般奔騰、
如塵埃般飄浮，
看見萬物彼此間吹呴滋養、相互依存。

大鵬看見的蒼蒼天色，就是天空真正的顏色嗎？
大鵬飛往的遙遠南冥，就是最遠最遠的地方嗎？

野馬也，塵埃也，生物之以息相吹也。天之蒼蒼，其正色邪？其遠而無所至極邪？

其視下也，亦若是則已矣。

如果大鵬飛抵的已經是最高最遠的地方，
那麼大鵬居高臨下所見，
就都是真的了吧！

且夫水之積也不厚，則其負大舟也无力，

水的蓄積如果不夠深厚，
就沒辦法承載起大船。

覆杯水於坳堂之上，則芥為之舟，置杯焉則膠，水淺而舟大也。

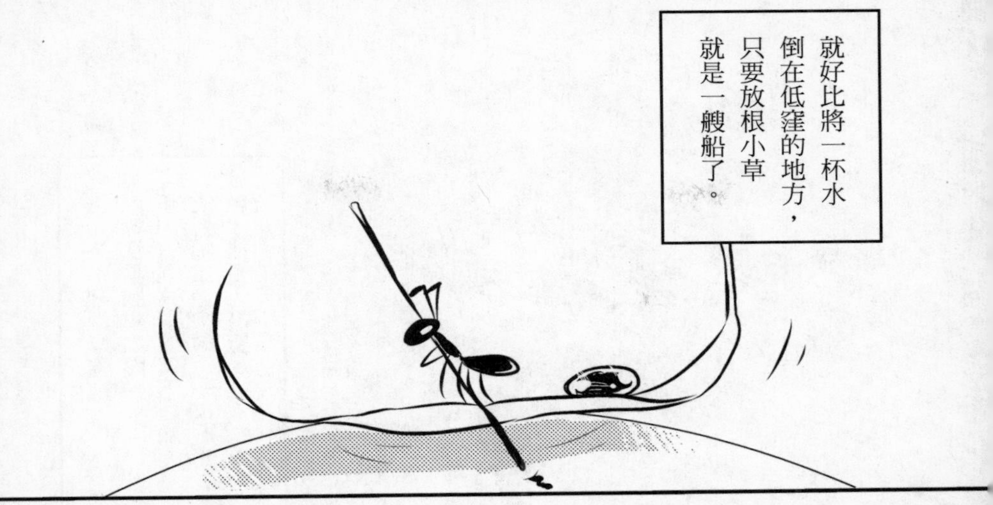
就好比將一杯水
倒在低窪的地方，
只要放根小草
就是一艘船了。

但若放上一個杯子，
便膠著在那少少的水中，
浮不起也動不了。
這是因為水太淺、
船太大的緣故。

風之積也不厚，則其負大翼也无力。故九萬里則風斯在下矣。而後乃今培風，背負青天，

風如果不夠深厚強勁，就無法承載起大鵬。正因有九萬里的翼下之風，支持牠旅途中的每一次振翅，牠才能飛上高空。
這一切條件具備之後，才能憑藉著風，背負起廣闊的藍天。

大鵬除了有這天生的體型、
自身付出的努力以及外在機緣的配合，
最後還要再加上永不放棄的堅強意志，
才能向牠夢想中的南方飛去。
而莫之夭閼者，而後乃今將圖南。

蜩與鷽鳩笑之曰：「我決起而飛，槍榆枋而止，時則不至，而控於地而已矣。

小蟬與小山鵲噗哧一笑：
我輕快地飛起，
停在榆樹、枋樹矮矮的枝頭，
有時到不了，也不過就飛落地面而已。
！

奚以之九萬里而南為！」
又何必一定要飛上九萬里的高空、
到那麼遠的南方去呢？

適莽蒼者，三湌而反，腹猶果然；適百里者，宿舂糧；適千里者，三月聚糧。之二蟲又何知！

若要到近郊的草野，只需帶上三餐食糧，回來肚子都還飽飽的。
若要到百里遠的地方，就得事先搭搗足以過夜的食糧。
若目的地遠在千里之外，那可得花上三個月的時間，囤積旅途所需的食糧。
這些又豈是只在榆枋間流連的小蟬與小山鵲所能望見、所能明白的呢？

小年不及大年。奚以知其然也？朝秀不知晦朔，

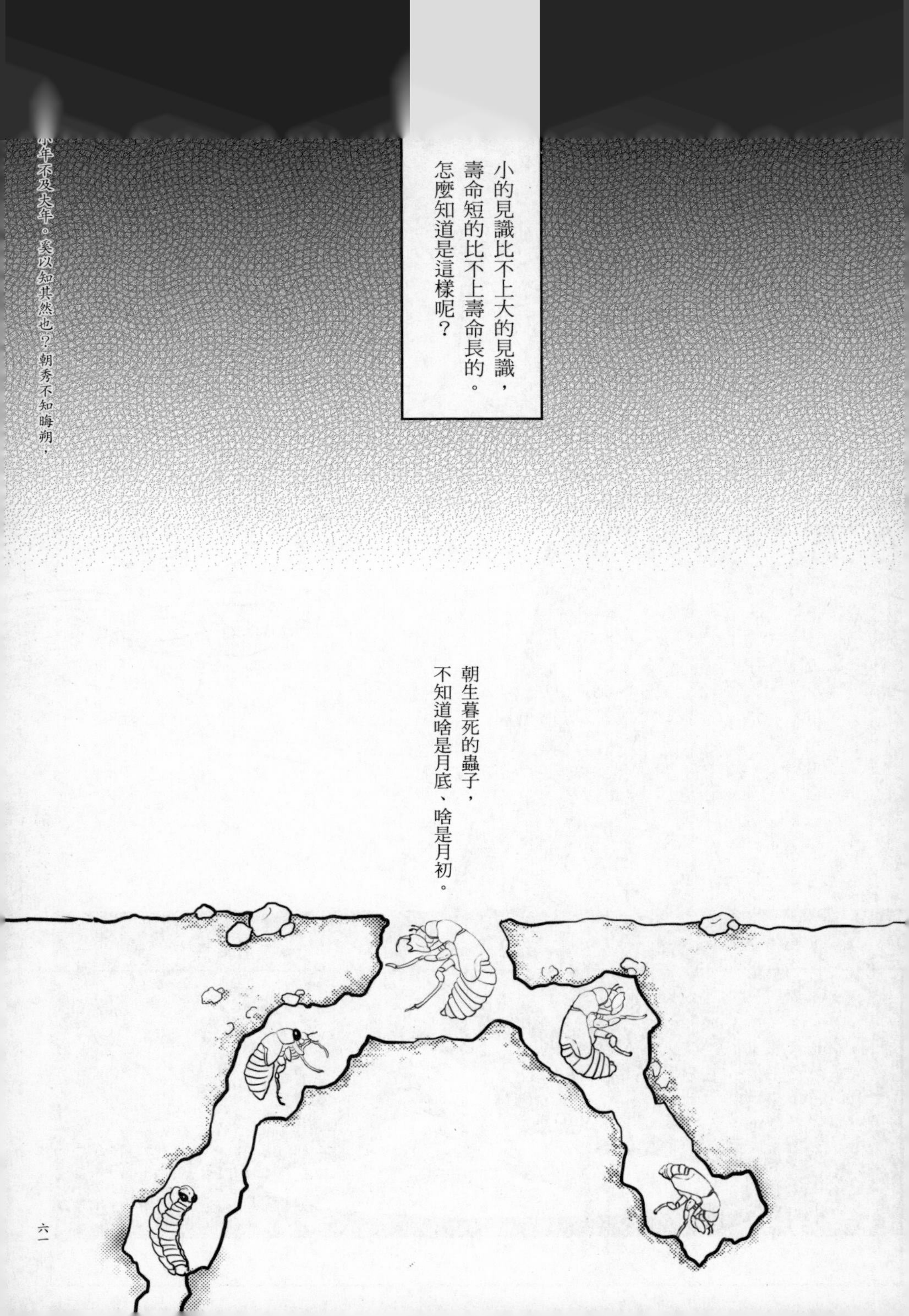
小的見識比不上大的見識，壽命短的比不上壽命長的。怎麼知道是這樣呢？
朝生暮死的蟲子，不知道啥是月底、啥是月初。

蟪蛄不知春秋，此小年也。

同樣地，蟬飛上枝頭只能活短短
的十三天，
如果在春天破土而出，就無緣見
著秋天；在秋天破土，也無緣見
到春天。
這就是命太短
無法擁有的見識。

楚之南有冥靈者，以五百歲為春，五百歲為秋；

楚國的南方，有一種叫冥靈的樹，五百年長一次新葉，五百年落一次枯葉。
人類曆法中的千年，對冥靈而言卻僅是春去秋來。

上古有大椿者，以八千歲為春，八千歲為秋。
而在遠古，更有一種名叫大椿的樹，

它的春天或秋天、
葉生或葉落，更是
有八千年那麼長。

而彭祖乃今以久特聞，眾人匹之，不亦悲乎！

比起以千載、萬歲為一年的冥靈、大椿，
彭祖不過活了八百歲便以長壽聞名，
世人就此爭相效仿，
這樣的追逐不是很可悲嗎？

商湯問他的賢臣棘，而棘也這麼說：

在那寸草不生的極北之地，有一片叫天池的幽遠大洋。裏頭有名為鯤的大魚，牠的身體廣達數千里，所以從來沒有人能一覽牠的全長。那裏還有名為鵬的大鳥，牠的背如泰山般雄偉，展開的羽翼就好似垂掛天邊的雲幕，牠雙翼一振，乘著形如羊角、騰捲而上的旋風，穿越層層雲氣，飛上九萬里高空，背負起廣闊的藍天，然後才能向南飛去，直到那遙遠遙遠的極南之地。

住在水澤邊的小雀鳥見著了，就笑大鵬說：

牠這樣是要到哪去呢？我往上一跳，飛個十來尺就下來了，在矮矮的蓬蒿叢間飛來飛去，飛行，這樣不就夠了嗎？像牠這樣究竟是要到哪去呢？

這就是小與大的差別。

湯之問棘也是已：「窮髮之北，有冥海者，天池也。有魚焉，其廣數千里，未有知其脩者，其名為鯤。有鳥焉，其名為鵬，背若泰山，翼若垂天之雲，摶扶搖羊角而上者九萬里，絕雲氣，負青天，然後圖南，且適南冥也。斥鴳笑之曰：彼且奚適也？我騰躍而上，不過數仞而下，翱翔蓬蒿之間，此亦飛之至也，而彼且奚適也？」此小大之辯也。

故夫知效一官，行比一鄉，德合一君，而徵一國者，其自視也亦若此矣。

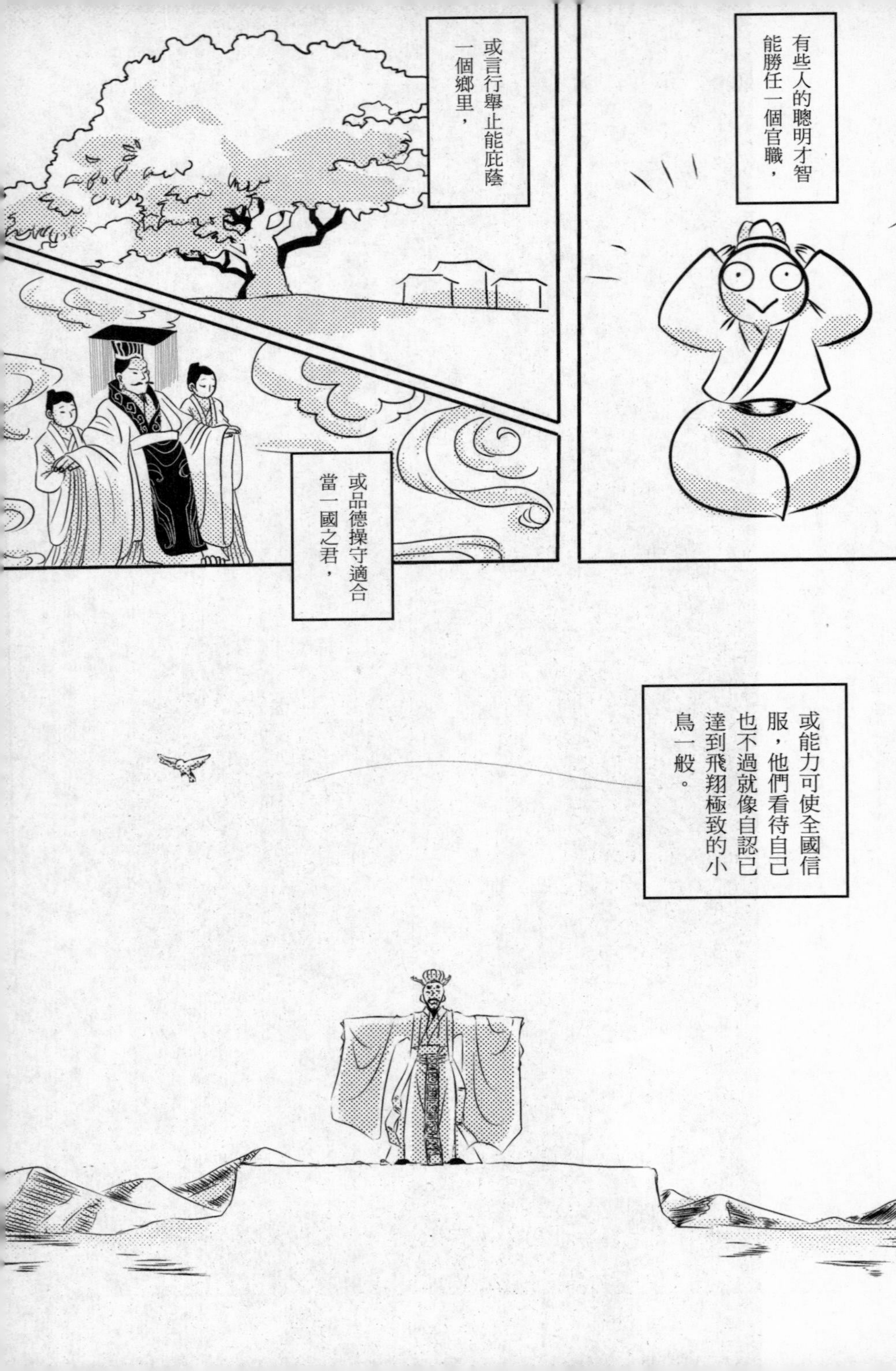
有些人的聰明才智能勝任一個官職，
或言行舉止能庇蔭一個鄉里，
或品德操守適合當一國之君，
或能力可使全國信服，他們看待自己也不過就像自認已達到飛翔極致的小鳥一般。

而宋榮子猶然笑之。且舉世而譽之而不加勸，舉世而非之而不加沮，定乎內外之分，辯乎榮辱之境，斯已矣。

宋榮子看到這些人，只是莞爾一笑。
即使全世界都稱讚宋榮子，他也不會因此更激勵奮發，
即使全世界都批評他，他也不會失志沮喪，
在他心中有一把尺，讓他判定什麼才該重視，什麼只是次要的事，
對於榮譽與恥辱他有著自己的標準。

彼其於世未數數然也。雖然，猶有未樹也。

他不汲汲營營於世俗之人所追求的事物。
雖然如此，宋榮子的踽踽身影，仍有未能樹立的生命典範。

夫列子御風而行，泠然善也，
列子乘風而行，姿態是這麼地輕靈美妙，

旬有五日而後反。彼於致福者，未數數然也。

風吹起，便順風而去，
十五天後風吹了回來，又隨風而返。
當機會來了，他便抓住。
這樣的列子並不堅持一定要成就什麼，或一定要得到他理想中的幸福。

此雖免乎行，猶有所待者也。

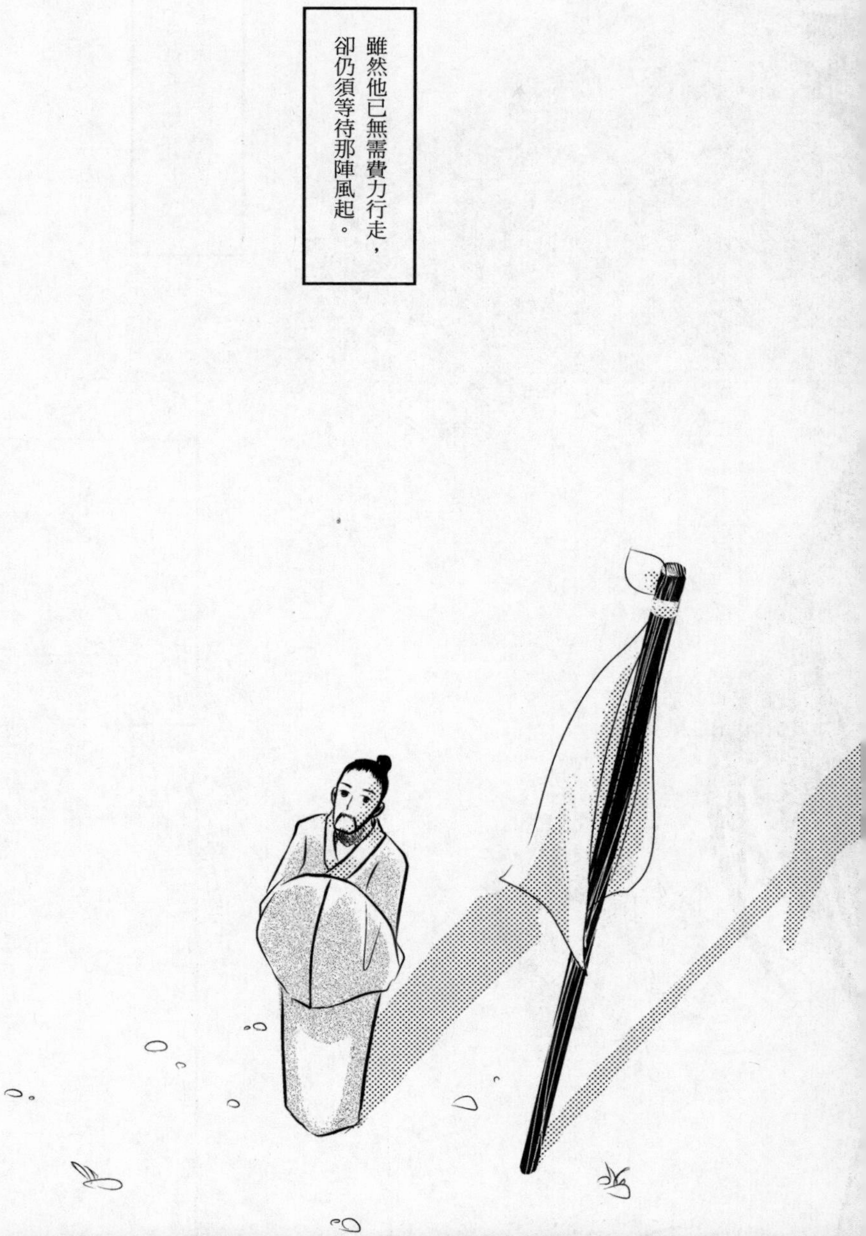
雖然他已無需費力行走，
卻仍須等待那陣風起。

但若能安然隨遇於正常的
節候與人生的順境，

且能駕馭失常的氣象與人生的逆境，在無窮百變的境遇中，都能自在地乘御遨遊，
這樣的人，哪還需要等待外在機緣的配合才能逍遙自得呢？
若夫乘天地之正，而御六氣之辯，以遊无窮者，彼且惡乎待哉！

故曰：至人无己，神人无功，聖人无名。

所以說：
至人不執著於自我，
神人不要人世的功勳，
聖人不要世間的名譽。

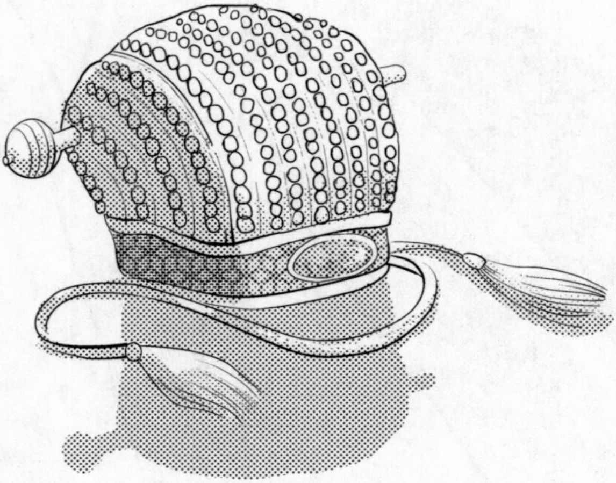

問題與思考

問一、鳥與樹。每天醒來，如果人生舞臺上的角色可以隨意扮演，你今天要化身不斷外逐的飛鳥？還是棵扎根日深的樹？

問二、在一張紙上，試著寫下這幾年來你最重視、付出最多心思的三件事。然後想想這三件事的成敗是否全然操之在己，還是需待外在人、事、物的配合才能成就？

堯讓天下

堯讓天下於許由，曰：「日月出矣，而爝火不息，其於光也，不亦難乎！時雨降矣，而猶浸灌，其於澤也，不亦勞乎！夫子立而天下治，而我猶尸之，吾自視缺然，請致天下。」

許由曰：「子治天下，天下既已治也，而我猶代子，吾將為名乎？名者，實之賓也，吾將為賓乎？鷦鷯巢於深林，不過一枝；偃鼠飲河，不過滿腹。歸休乎君！予无所用天下為！庖人雖不治庖，尸祝不越樽俎而代之矣。」

肩吾問於連叔曰：「吾聞言於接輿，大而无當，往而不反。吾驚怖其言，猶河漢而无極也。大有逕庭，不近人情焉。」連叔曰：「其言謂何哉？」曰：「藐姑射之山，有神人居焉，肌膚若冰雪，淖約若處子，不食五穀，吸風飲露。乘雲氣，御飛龍，而遊乎四海之外。其神凝，使物不疵癘而年穀熟。吾以是狂而不信也。」連叔曰：「然。瞽者无以與乎文章之觀，聾者无以與乎鍾鼓之聲。豈唯形骸有聾、盲哉！夫知亦有之。是其言也，猶時女也。之人也，將旁礴萬物以為一，世蘄乎亂，孰弊弊焉以天下為事！之人也，物莫之傷，大浸稽天而不溺，大旱金石流、土山焦而不熱。是其塵垢粃糠將猶陶鑄堯、舜者也，孰肯以物為事！」

宋人資章甫而適諸越，越人斷髮文身，无所用之。堯治天下之民，平海內之政，往見四子藐姑射之山，汾水之陽，窅然喪其天下焉。

〈堯讓天下〉前言

當生命之燈的瓦數一字排開，是誰光輝如日月？

世俗價值中，多少高貴人家手中掌握的火炬照亮自己、黯了別人；肥了自己，瘦了別人；富了自己、苦了天下蒼生。

儒家文化裏，多少聖賢才士胸中懷抱的惻隱之燈，燃燒自己、照亮別人。在遭逢生命、道義難兩全的情況下，犧牲自己、成就天下蒼生。

是否有另一種點亮生命的方式，自己和眾生，可以一起日益光華？

如果身體的強健度會影響能力，如果心靈的寬闊度會影響人際，有沒有世俗、儒家價值外的第三條路線，可以容你我開展更亮麗的人生？

莊子點這盞燈，在文明之初、先秦時代的寂寞荒野。

——二〇一五・二・六夜

堯讓天下

壹——貳

堯讓天下於許由，曰：

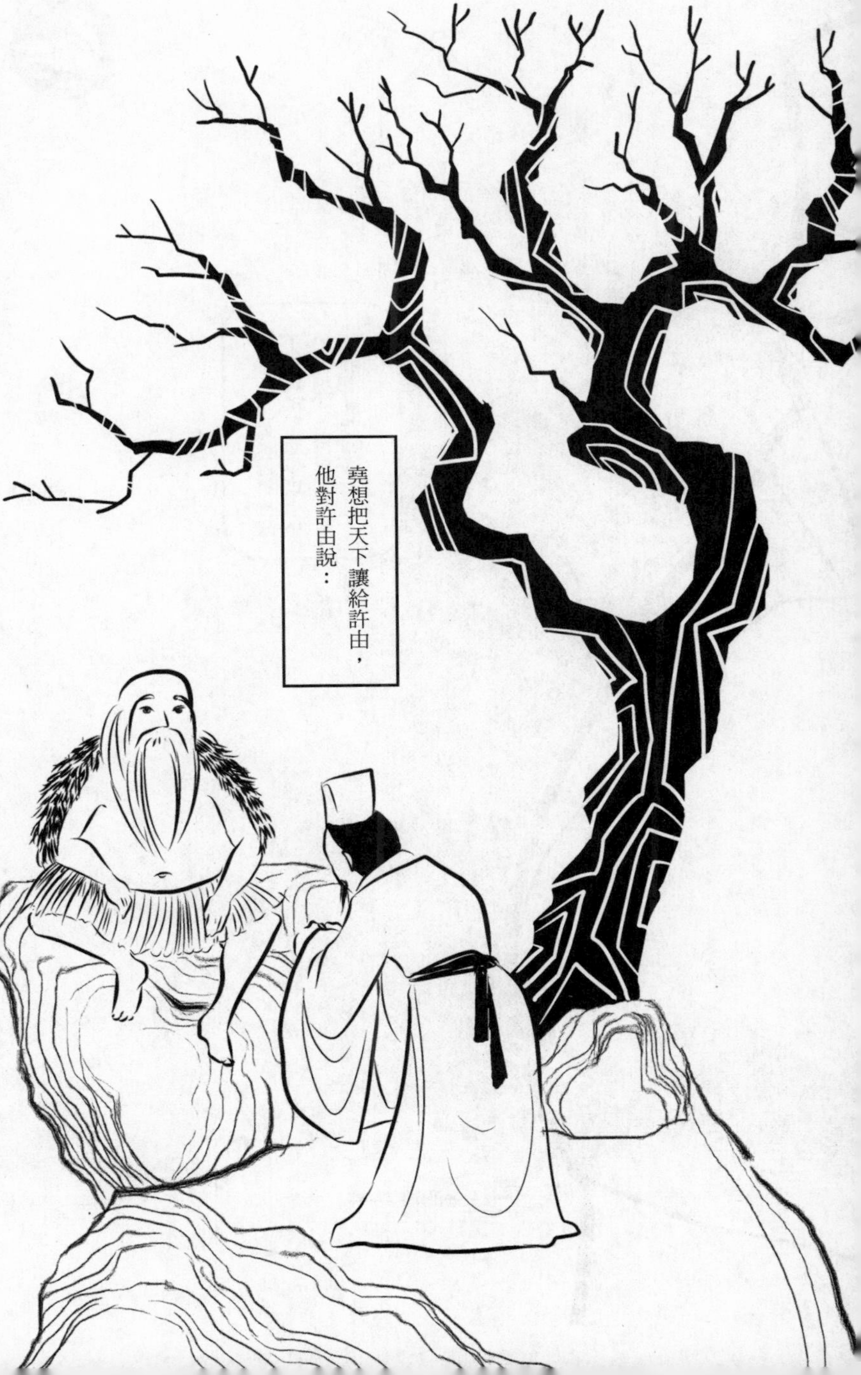
堯想把天下讓給許由，
他對許由說：

「日月出矣，而爝火不息，其於光也，不亦難乎！

太陽、月亮都已經出來了，我卻還想要以小小的火把照亮世界，不是很自不量力嗎？

同樣地，及時雨都已經下了，而我還在取水灌溉，想要潤澤這些作物，這不是徒勞無功嗎？
若先生您能居位，天下定能大治，而我卻還尸位素餐地佔據著君王之位，我自認不足啊。請讓我把天下交給您吧。
「時雨降矣，而猶浸灌，其於澤也，不亦勞乎！夫子立而天下治，而我猶尸之，吾自視缺然，請致天下。」

許由曰：「子治天下，天下既已治也，而我猶代子，吾將為名乎？名者，實之賓也，吾將為賓乎？

許由回答說：
您治理天下，已經將天下治理得很好了，
此時如果我還來代替您，難道是圖個名聲嗎？
實質的生命內涵才是主人，而名聲不過是賓客，難道我的人生追求的是那外在名聲嗎？

鷦鷯巢於深林，不過一枝；偃鼠飲河，不過滿腹。歸休乎君！予无所用天下為！

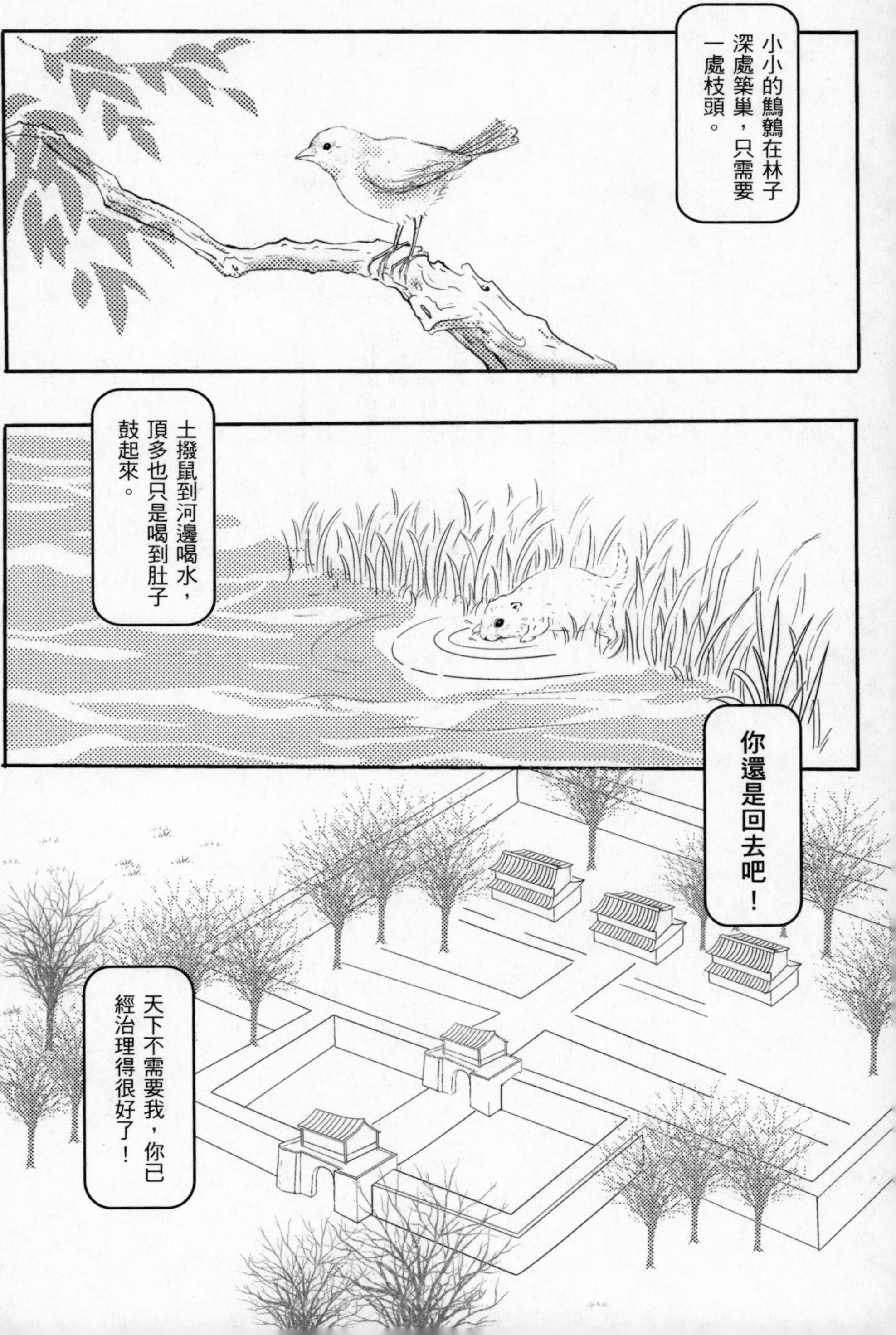
小小的鷦鷯在林子深處築巢，只需要一處枝頭。
土撥鼠到河邊喝水，頂多也只是喝到肚子鼓起來。
你還是回去吧！
天下不需要我，你已經治理得很好了！

庖人雖不治庖，尸祝不越樽俎而代之矣。」

就算廚子不下廚了，負責主持祭典的尸祝，也不會放下祀神的禮器、拋下祭祀禱告的職責，去代替廚子煮飯燒菜的。

肩吾問於連叔曰：「吾聞言於接輿，大而无當，往而不反。

肩吾請教連叔：
我從接輿那聽到一些話，覺得他說的話實在吹牛，誇大得無邊無際，
講的境界似乎很遼闊，卻好像遠得回不來了。

我聽了感到很驚恐，因為那些話就像夜空的星河般浩瀚、沒有盡頭，
距離世間常理太遠、太不近人情了。
吾驚怖其言，猶河漢而无極也。大有逕庭，不近人情焉。」

連叔曰：「其言謂何哉？」曰：「藐姑射之山，有神人居焉，

連叔便問了：
他究竟說了什麼呢？
肩吾回答：
他說在那遙遠的姑射山裡，住著一位神人，

肌膚若冰雪，淖約若處子，

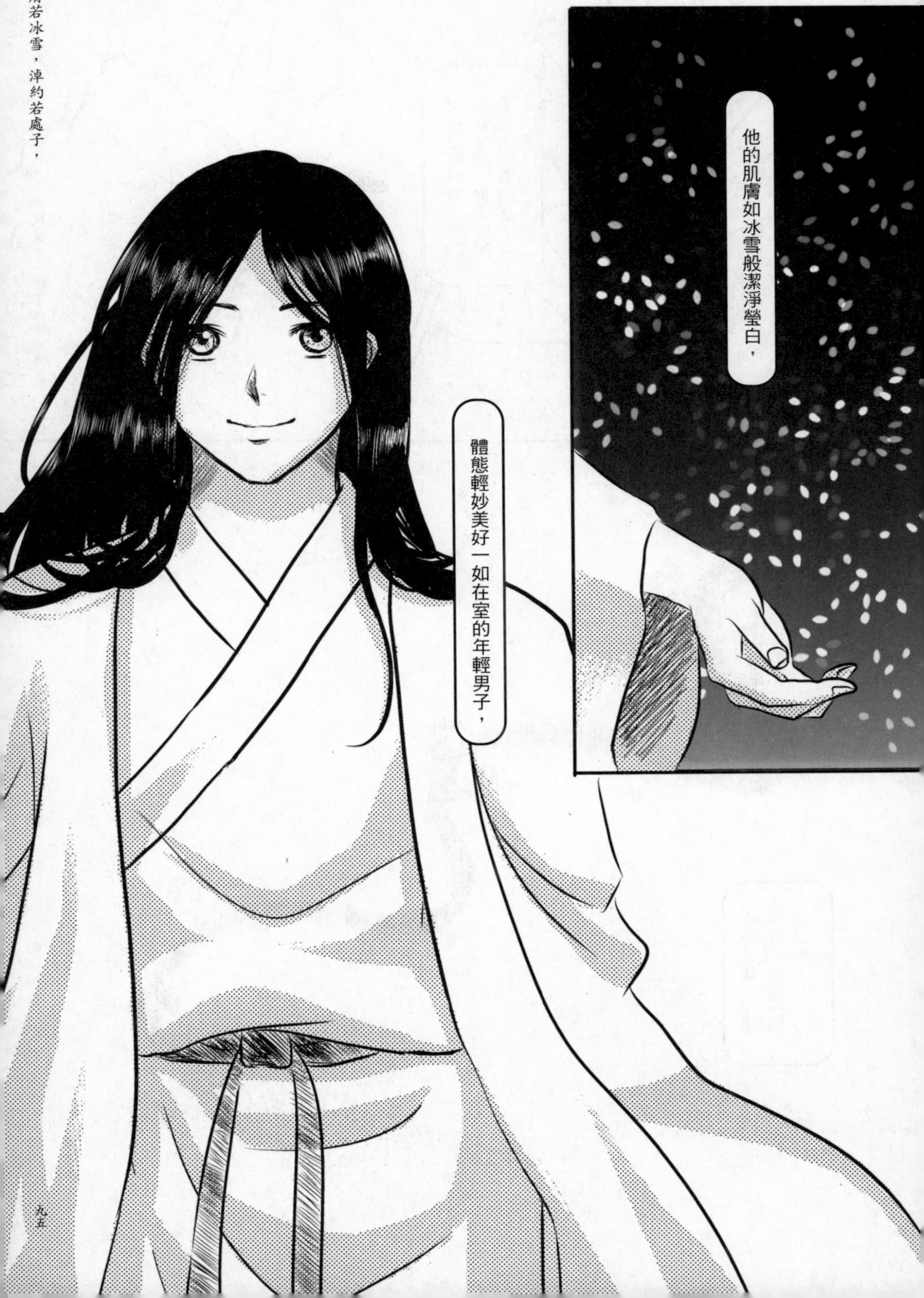
他的肌膚如冰雪般潔淨瑩白，
體態輕妙美好一如在室的年輕男子，

不食五穀，吸風飲露。乘雲氣，御飛龍，而遊乎四海之外。
他不是吃一般人吃的五穀雜糧，而是吸納清風、啜飲露水。
乘著雲氣，駕御飛龍，遨遊於四海之外。

其神凝，使物不疵癘而年穀熟。吾以是狂而不信也。」

只要一凝聚起精神，就能使作物不受病害而稻穀豐收。
我覺得這席話太誇張了，實在沒法相信。

連叔曰：「然。瞽者无以與乎文章之觀，聾者无以與乎鍾鼓之聲。

連叔說：
啊，也是。
沒有人會拿繡著美麗圖紋的錦緞給盲人觀賞，
同樣地，也不會敲擊鐘鼓、演奏樂曲給聾者聽。

可是，難道只有身體會耳聾、眼盲嗎？！人的心智也是會失聰、失明的。
我覺得這些話，說的就像現在的你。

豈唯形骸有聾、盲哉！夫知亦有之。是其言也，猶時女也。

之人也，將旁礡萬物以為一，世蘄乎亂，孰弊弊焉以天下為事！

接輿說的那位神人，能與萬物合而為一，
世人都追求天下安治，他卻不會讓身心勞頓於治理天下等外在之事！

這樣的人，外物傷害不了他，漫天洪水也淹不死他，
即使旱災嚴重到讓金屬、石頭都熔化，焦灼了土地和丘陵，他也不覺煩熱。
之人也，物莫之傷，大浸稽天而不溺，大旱金石流，土山焦而不熱。

是其塵垢粃糠將猶陶鑄堯、舜者也，孰肯以物為事！」

他身上拍下的塵垢、碎屑，就能再塑造出一個像堯、舜那樣的人，
他又怎麼會把追求外在事物當作生命中重要的事呢！

宋人資章甫而適諸越，越人斷髮文身，无所用之。

從前有一個宋國商人，帶了一批禮帽前往越國販賣。
沒想到越國人不但剪斷長髮、不留髮髻，而且全身刺滿花紋，帽子對他們來說，完全派不上用場。

堯治天下之民，平海內之政，往見四子藐姑射之山，汾水之陽，

治理天下百姓、平定海內政事的堯，
有一天，前往遙遠的姑射之山、汾水之北，拜訪四位得道的隱士，

他發現，自己所獲得的名聲、造就的功業、擁有的權力，隱士們全都不需要也不在意。
他突然感到悵然若失——
過去那些他所在意的事物，全都如海市蜃樓般飄緲虛幻。堯不再覺得自己擁有天下了。

問題與思考

問一、一個是善於管理政治事務的大國領袖，一位是長於料理健康膳食的小店廚師，你覺得從事哪一個工作的生命更具意義？

問二、站在選擇工作的十字路口，你會以薪資高低、升遷難易、福利多少為優先考量；還是以既能造福他人物質生活與精神生活、也能使自我身心有所成長為取捨關鍵？

大瓠之種

惠子謂莊子曰：「魏王貽我大瓠之種，我樹之成，而實五石，以盛水漿，其堅不能自舉也。剖之以為瓢，則瓠落无所容。非不呺然大也，吾為其无用而掊之。」

莊子曰：「夫子固拙於用大矣。宋人有善為不龜手之藥者，世世以洴澼絖為事。客聞之，請買其方百金。聚族而謀曰：『我世世為洴澼絖，不過數金；今一朝而鬻技百金，請與之。』客得之，以說吳王。越有難，吳王使之將，冬與越人水戰，大敗越人，裂地而封之。能不龜手，一也。或以封；或不免於洴澼絖，則所用之異也！今子有五石之瓠，何不慮以為大樽而浮乎江湖？而憂其瓠落无所容？則夫子猶有蓬之心也夫！」

惠子謂莊子曰：「吾有大樹，人謂之樗。其大本擁腫而不中繩墨，其小枝卷曲而不中規矩。立之塗，匠者不顧。今子之言，大而无用，眾所同去也。」

莊子曰：「子獨不見狸狌乎？卑身而伏，以候敖者。東西跳梁，不避高下，中於機辟，死於罔罟。今夫斄牛，其大若垂天之雲。此能為大矣，而不能執鼠。今子有大樹，患其无用，何不樹之於无何有之鄉，廣莫之野，彷徨乎无為其側，逍遙乎寢臥其下，不夭斤斧，物无害者，无所可用，安所困苦哉！」

〈大瓠之種〉前言

這世上最大的究竟是甚麼？是眼睛，可以觀望世界？還是心靈？可以容受生命途中一切順逆、炎涼——乘天地之正、御六氣之變——可以關愛、擁抱整個宇宙。

孰小、孰大？是先秦哲人關切的命題。

有用、無用？孰輕、孰重？世世代代的庶民百姓心頭每天也這麼秤著、估量著、揣度著。

能擁有更大的頭銜、更大的金額、更大的權勢，眾人趨之若鶩。直到擁有大財貨、大頭銜、大權勢者遺害眾生的那天，眾人才又千夫同指、異口同聲地斥責：黑心啊！沒心啊！喪盡天良啊！一夕之間，從來不被重視、所以不被陶養、甚至可說未經規訓的心靈，突然無比重要了起來，直到群眾的怒意暫時平息。心靈的重要性又被踩在散場的人群腳下，棄置路邊。

莊子把它拾起。

莊子的心靈陶養，不只是擴充惻隱、羞惡、辭讓、是非等內涵的「仁」心而已。在莊子身心修鍊的技術中，心靈經錘鍊與否，將與其人的精氣盛衰、膚況粗糙潤澤、體態臃腫輕靈，甚至與衰病生死休戚相關。致力於心神之靜定，不僅可以乘御順逆、不為外面世界的人事物所傷，同時可以冰雪肌膚、窈窕體態，更且可以長養真陽之氣到磅礴萬物、充塞天地的理想境界。

惠子認定沒用的大葫蘆。木匠不會多看一眼的大樹。拿大葫蘆與大樹，影射莊子「大」而「無用」的言論，惠子藉此預告莊子之學勢將乏人問津的下場。

惠子之眼與匠人之尺，一如芸芸眾生的短淺目光。

惠子預告勢將乏人問津、眾所同去的莊子學，終究成為世代修煉者取之不盡、用之不竭的源頭活水，灌頂過陶淵明、李太白、白居易、蘇東坡……在歷史的長河中脈動光影至今。

——二〇一五・二・六夜

惠子謂莊子曰：「魏王貽我大瓠之種，

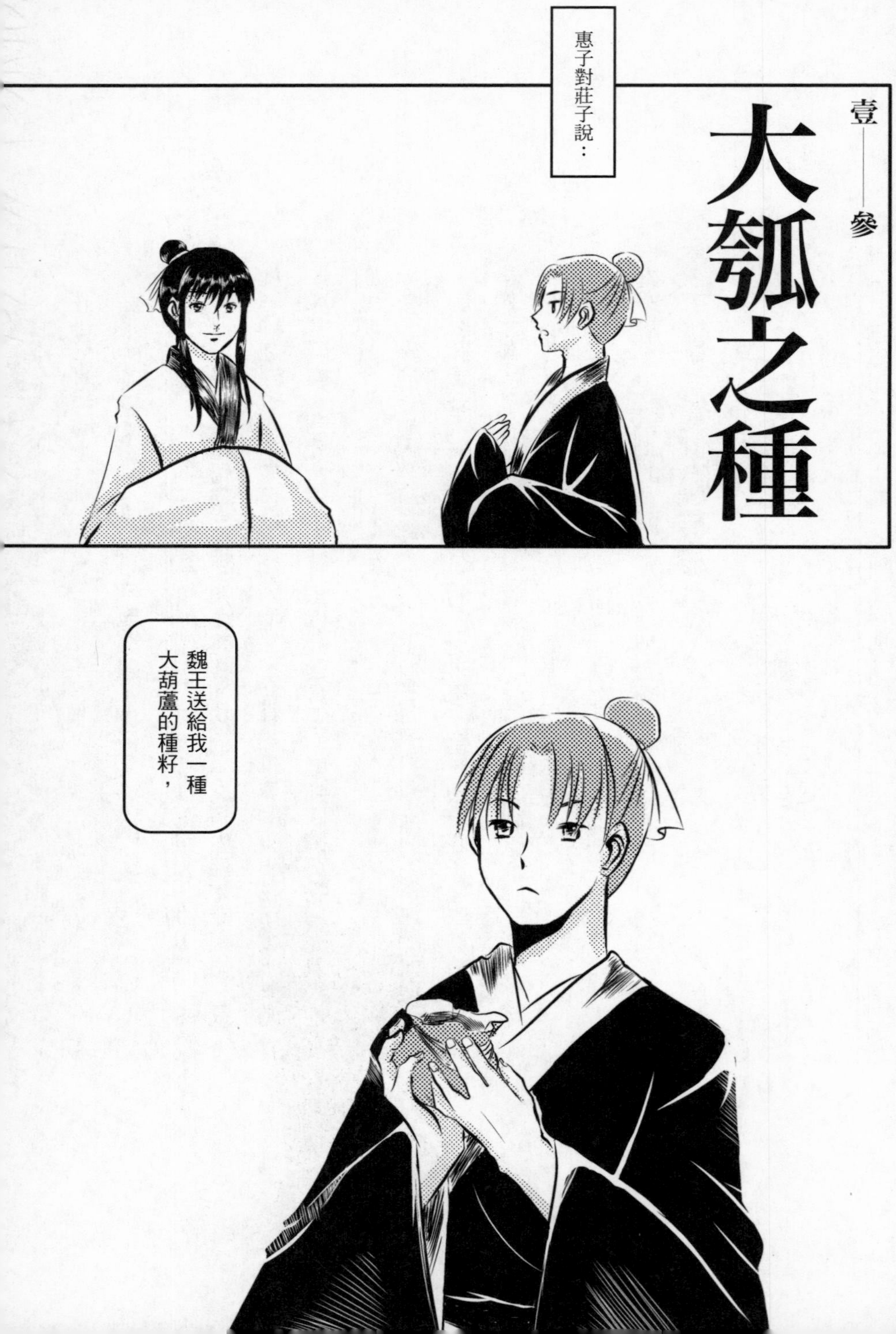
壹——參
大瓠之種
惠子對莊子說：
魏王送給我一種
大葫蘆的種籽，

我樹之成，而實五石，以盛水漿，其堅不能自舉也。

我將它種下直到開花結果，
熟成後的葫蘆大得足足能裝下五十斗，
用它來盛水，重得讓我舉不起來。

剖之以為瓢，則瓠落无所容。非不呺然大也，吾為其无用而掊之。」

剖開作水瓢，
又沒有甕缸容得下它。
這葫蘆大歸大，可我
實在不知道拿它來做
什麼用，就把它給打
碎了。

莊子曰：「夫子固拙於用大矣。宋人有善為不龜手之藥者，世世以洴澼絖為事。

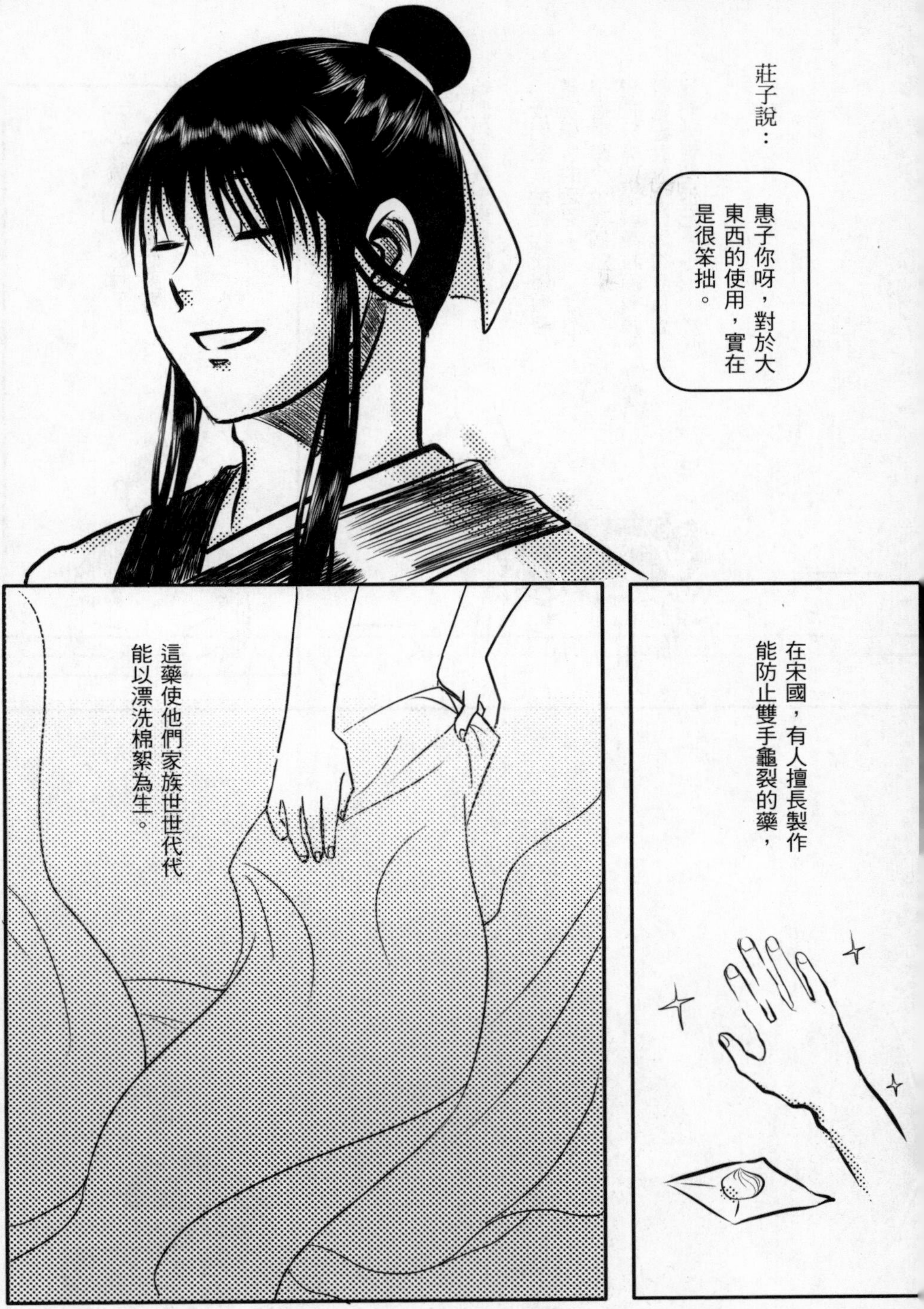

客聞之，請買其方百金。聚族而謀曰：『我世世為洴澼絖，不過數金；今一朝而鬻技百金，請與之。』客得之，以說吳王。

有個外地人聽說了，
便出價百金想要買下這秘方。

他們便聚集全族商討這件事：
『我們家族世世代代都做著漂洗棉絮的活兒，
不過就賺少少幾個錢；
現在只需把這製藥技術賣掉，
輕輕鬆鬆立刻就能得到百金。
我們就賣給他吧。』

外地人得到藥方後，
拿去遊說吳王，
希望為吳王所用。

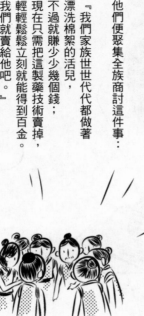

後來，越國出兵來犯，
吳王便派他領兵迎戰，

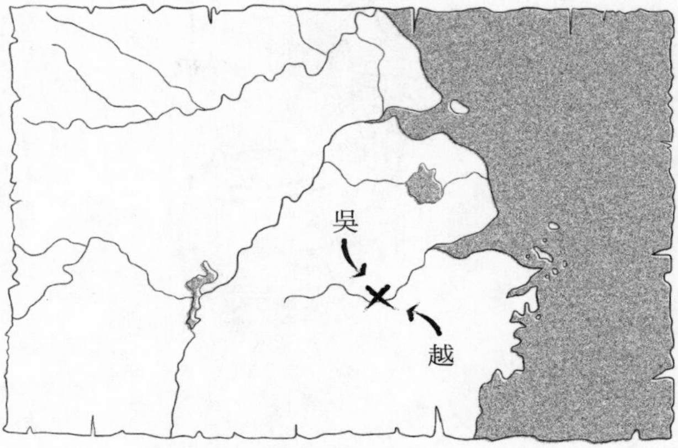

因為有保護雙手不凍傷
龜裂的藥方，在冬天寒
冷的水戰中，他們輕易
地打敗了越國人。

吳王因此封賞了一塊領地給他。

越有難，吳王使之將，冬與越人水戰，大敗越人，裂地而封之。

能不龜手，一也。或以封；或不免於洴澼絖，則所用之異也！

同樣是使手不龜裂，
有人因此得到封賞；
有人卻仍然只能漂洗棉絮，
這正是使用方法的不同啊！

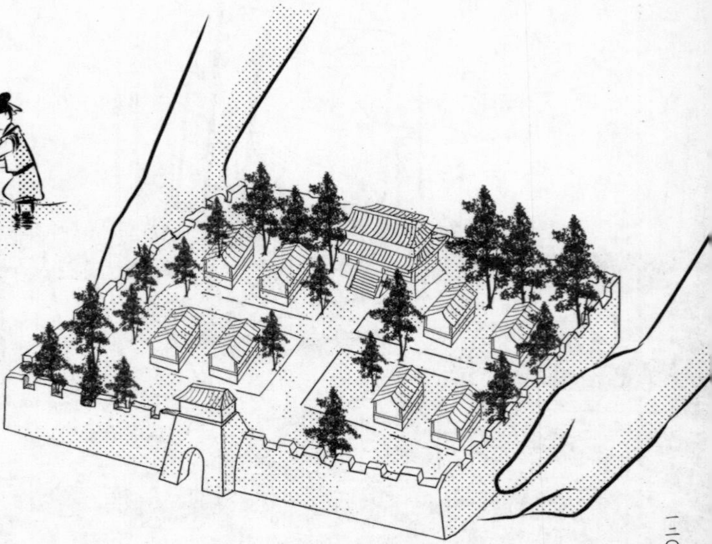

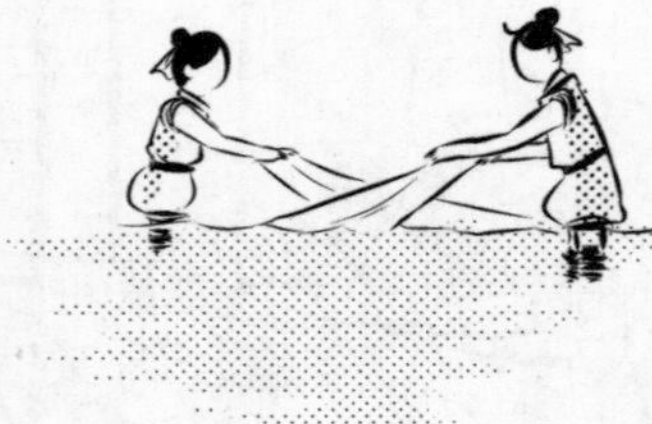

今子有五石之瓠，何不慮以為大樽而浮乎江湖？而憂其瓠落无所容？

如今你有裝得下五十斗的大葫蘆，
怎麼不把它纏在腰上，當作腰舟，悠遊於江湖之上？
反而擔憂沒有容器能裝下這葫蘆做成的大瓢呢？

則夫子猶有蓬之心也夫！」

看來，你的心就像
被蓬草塞住了一樣
不通達啊！

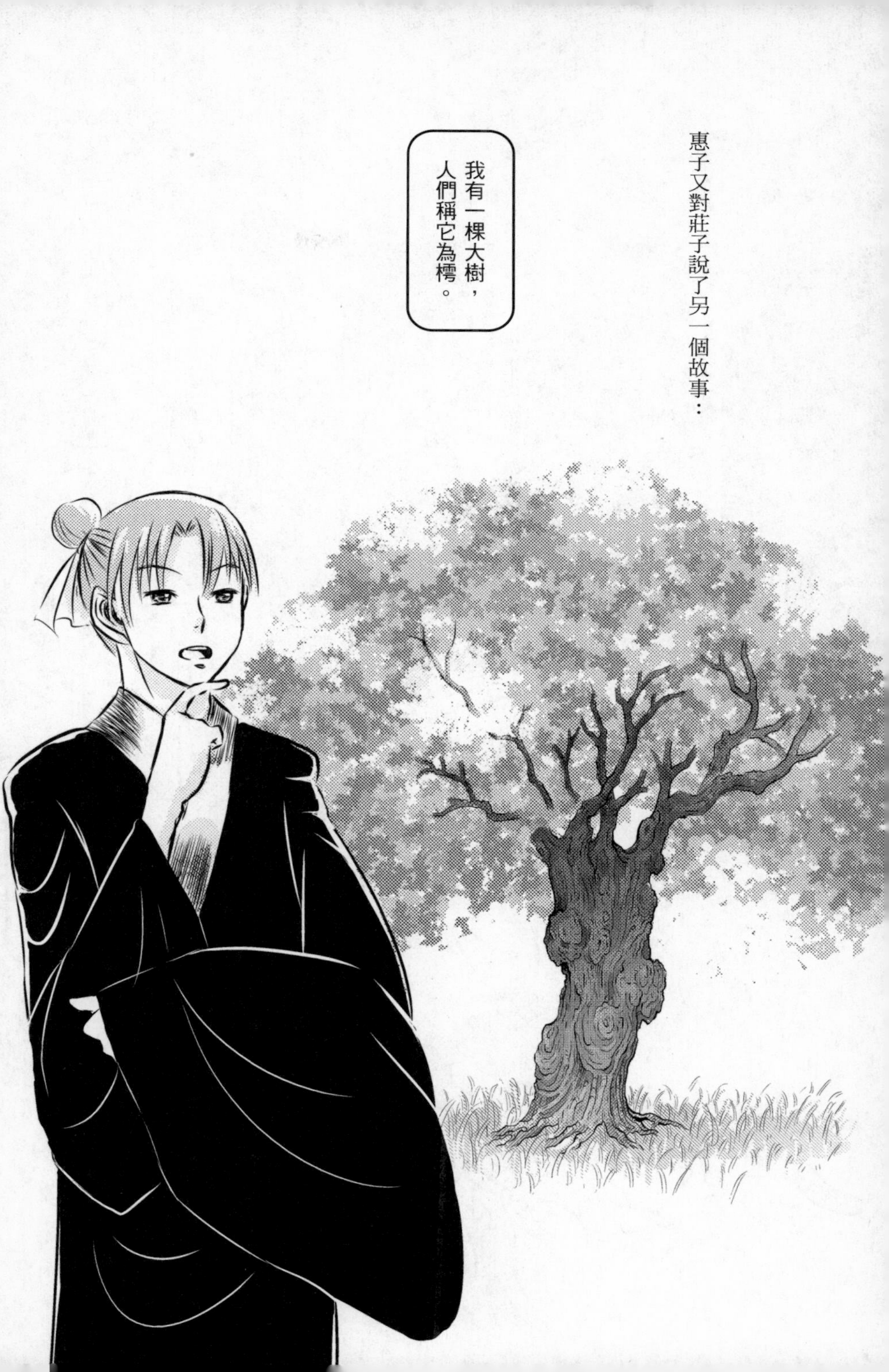
惠子又對莊子說了另一個故事：
我有一棵大樹，人們稱它為樗。

惠子謂莊子曰：「吾有大樹，人謂之樗。

其大本擁腫而不中繩墨，其小枝卷曲而不中規矩。

它的樹幹因樹瘤盤結，無法用繩墨來標記直線，
它的枝條彎彎曲曲，無法用圓規或方尺取材利用。

立之塗，匠者不顧。今子之言，大而无用，眾所同去也。」

方才莊子你說的話，就像這棵大樗一樣，大歸大卻毫無用處，無論誰聽了都會直接轉頭離開的。
這樣的大樹就算生長在路邊，木匠經過也不會多看一眼。

莊子曰：「子獨不見狸狌乎？卑身而伏，以候敖者。東西跳梁，不避高下，

莊子回答：
你難道沒看過黃鼠狼嗎？牠們壓低身子趴伏在地上，等待著獵捕飛翔而過的禽鳥。

只顧著追逐獵物，東跑西跳地，不管高低，也沒留心有什麼陷阱，

中於機辟，死於罔罟。今夫斄牛，其大若垂天之雲。

結果踏中了獵人所設的機關，
死在捕獸的羅網中。
但西南方有一種長毛牛叫犛牛，牠的身軀大得像從天邊垂掛而下的雲幕。

此能為大矣，而不能執鼠。今子有大樹，患其无用，何不樹之於无何有之鄉，廣莫之野，

這真的是很大了吧，
卻辦不到捉老鼠這等小事。
……
如今惠子你有這麼大的一棵樹，
與其煩惱它沒有用處，
何不將它種在空無一物的本鄉、
遼闊無邊的荒野呢？

這麼一來，就能自在地
在樹旁嬉戲，或什麼也
不做，
也可以在樹蔭下逍遙地
睡上一覺，
彷徨乎无為其側，逍遙乎寢臥其下

不夭斤斧，物无害者，无所可用，安所困苦哉！」

這樹在一般人眼中看起來毫無用處，卻因此不會被斧頭砍伐夭折，也不會招來外物的傷害，
這麼看來，沒有什麼用處，又有什麼好困擾的呢！

問題與思考

問一、冷天，女孩縮著頸打哆嗦說：「真不該在秋天跟他提分手的。不然這麼冷的天，好歹還有個男朋友給我送碗熱湯！」——他是熱湯、是司機、是？——妳（或你）是否也在有意、無意間，把親人、朋友、情人擺在心裡的「工具列」？異地而處，你是否喜歡親、友、情人，把你當成一件器物、一個工具或只是個東西？

問二、承上題，當你在作生涯規畫的時候，是否只想到把自己陶塑成一件有用的東西？而無關乎人格陶養、無感於心身升進？

two

貳

齊物論

南郭子綦

南郭子綦隱几而坐，仰天而噓，嗒焉似喪其耦。顏成子游立侍乎前，曰：「何居乎？形固可使如槁木，而心固可使如死灰乎？今之隱几者，非昔之隱几者也。」子綦曰：「偃，不亦善乎，而問之也！今者吾喪我，汝知之乎？女聞人籟而未聞地籟，女聞地籟而未聞天籟夫！」

子游曰：「敢問其方。」子綦曰：「夫大塊噫氣，其名為風。是唯无作，作則萬竅怒號。而獨不聞之翏翏乎？山陵之畏佳，大木百圍之竅穴：似鼻，似口，似耳；

似枅，似圈，似臼；似洼者，似污者；激者，謞者，叱者，吸者，叫者，譹者，宎者，咬者。前者唱于，而隨者唱喁。泠風則小和，飄風則大和，厲風濟則眾竅為虛。而獨不見之調調、之刁刁乎？」

子游曰：「地籟則眾竅是已，人籟則比竹是已。敢問天籟。」子綦曰：「夫吹萬不同，而使其自已也。咸其自取，怒者其誰邪？」

〈南郭子綦〉前言

十歲、二十歲、三十歲、四十歲、五十歲……顧影自身，除了學經歷、財富、地位，在生命之流的沙漏中如流砂般日夜積累的，還有甚麼？

沙漏在漏，紛紛流逝。不再青春的容顏。告別挺拔的體態。被青春痘、斑疵、皺紋逐歲掩埋，終不見天日的嬰兒肌膚。

沙漏在漏，朝暮新添。增添了固執。加深了成見。從未清空、便又往上堆疊的心事。也許表情漸能不露聲色——看似優良的情緒控管——面子裏層卻顧影舊痂未落、新傷又添的百孔千瘡。

但揭開〈齊物論〉序幕，首先出場的南郭子綦卻不然。他一生走在學習不讓負面情緒存於胸中的路上。一路錘鍊體魄，向通體輕靈的目標邁進。

途中風波在目，流言入耳。心動、氣亂，乃人情之常。總認定是耳目際會的風，撩揭起內心圈圈的漣漪、波瀾、巨浪。南郭子綦說：你是自由的。可以被撩揭、被吹動。也可以不。

學習大自然的一齣：「厲風濟則眾竅為虛」。

風吹起，風吹過，風已經停了。為何你被吹亂的念頭，還不停？

——二〇一五・二・六夜

南郭子綦隱几而坐，仰天而噓，

南郭子綦

貳——壹

有一天，南郭子綦靠著矮桌坐著，仰頭朝天，緩緩呼了口氣，

他的樣子就像靈魂與身體解體一般，
靈魂不再受到形軀的限制。
彷彿那原本與靈魂相合的形軀，已不存在了。

嗒焉似喪其耦。

顏成子游立侍乎前，曰：「何居乎？形固可使如槁木，而心固可使如死灰乎？

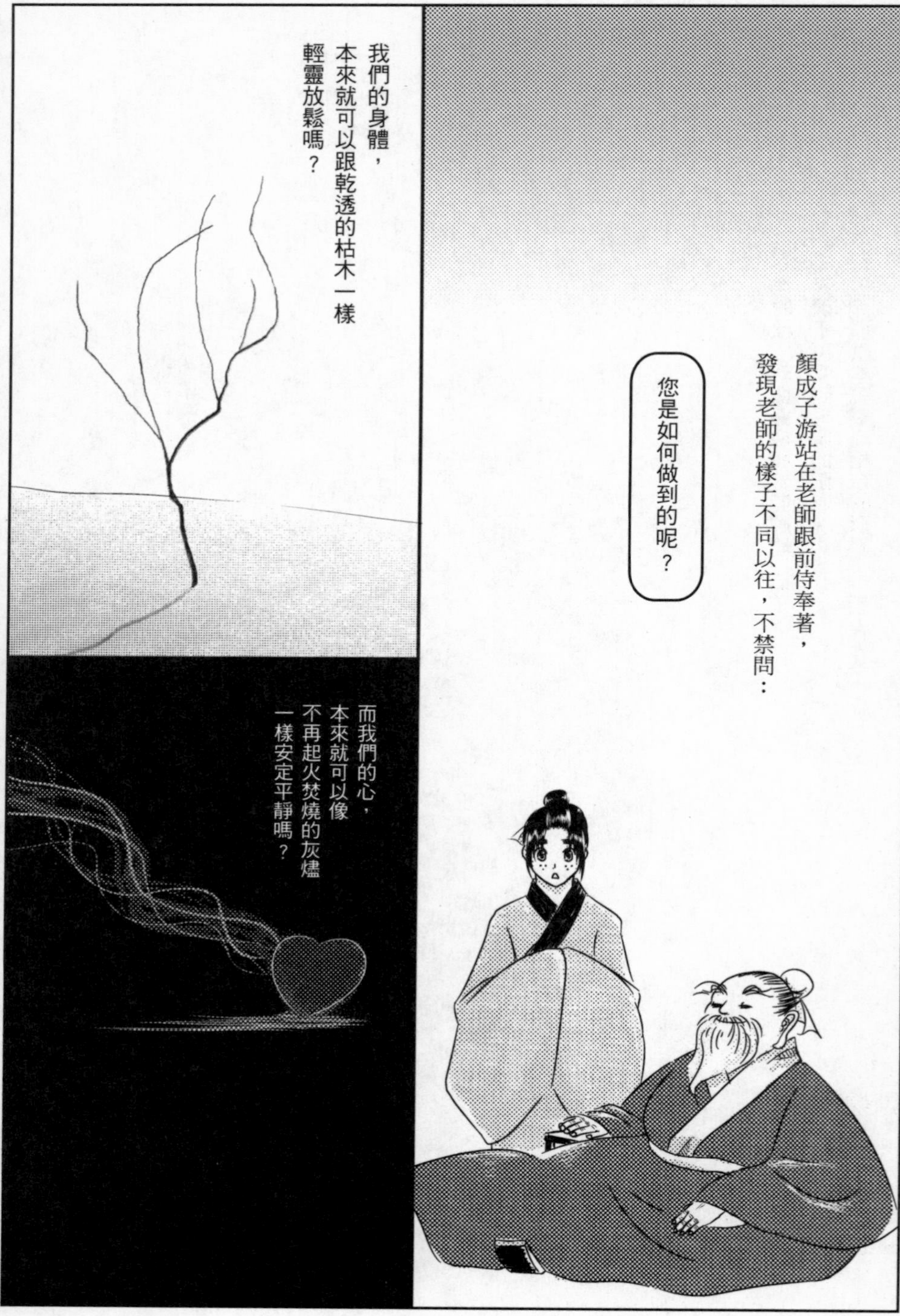
顏成子游站在老師跟前侍奉著，
發現老師的樣子不同以往，不禁問：
您是如何做到的呢？
我們的身體，
本來就可以跟乾透的枯木一樣
輕靈放鬆嗎？
而我們的心，
本來就可以像
不再起火焚燒的灰燼
一樣安定平靜嗎？

今之隱几者，非昔之隱几者也。」子綦曰：「偃，不亦善乎，而問之也！今者吾喪我，汝知之乎？

今天這位靠著矮桌而坐的老師，已經不再是以前靠著矮桌而坐的老師了。
子綦回答：
偃，你這問題問得真好啊！
如今真正的我，已拋棄、忘記那隨著俗世浮沉、死生流轉的自己，你明白嗎？

你聽過人所演奏的音樂，卻不一定聽過大地發出的樂音，

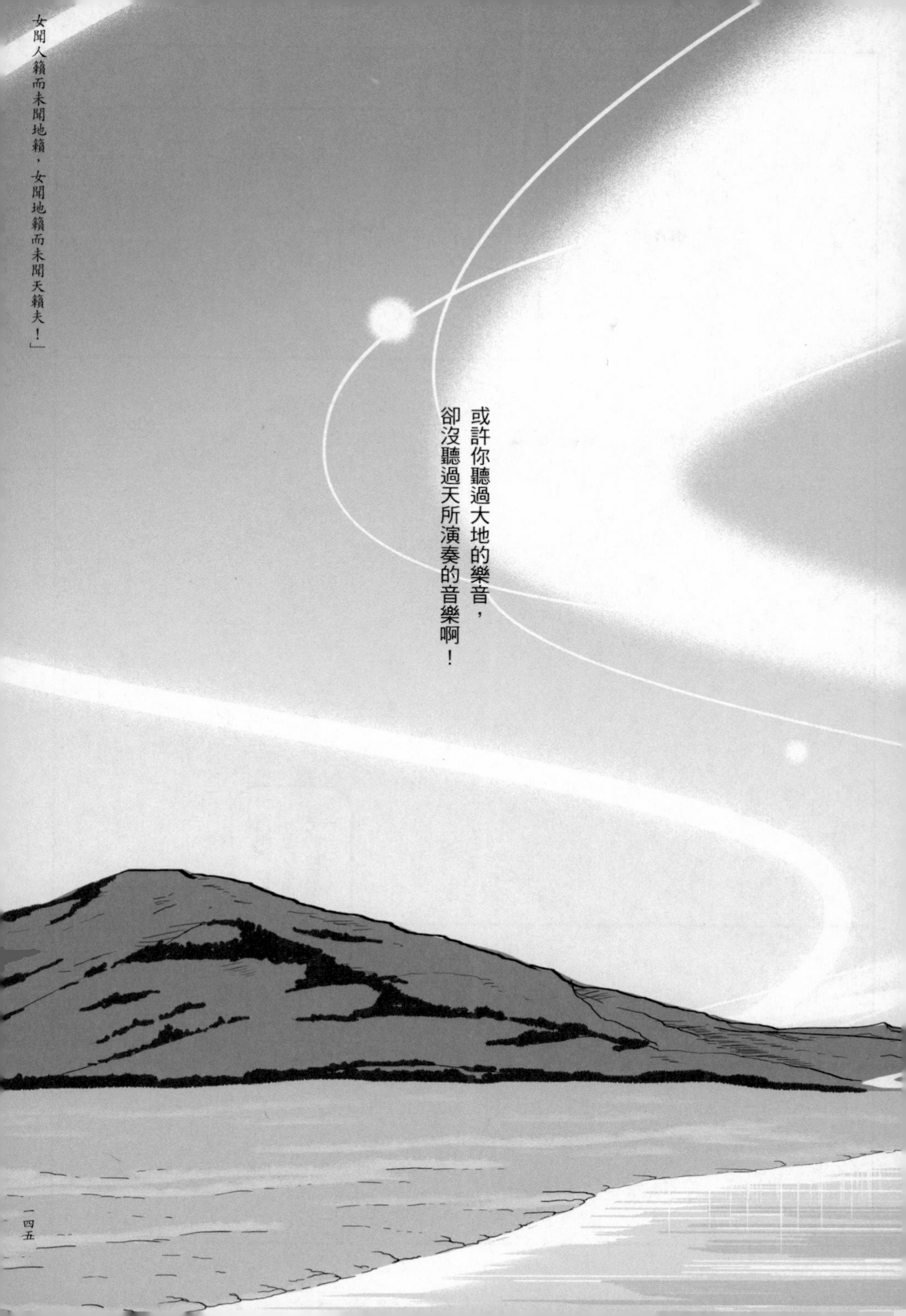
或許你聽過大地的樂音，
卻沒聽過天所演奏的音樂啊！

女聞人籟而未聞地籟，女聞地籟而未聞天籟夫！」

子游曰：「敢問其方。」子綦曰：「夫大塊噫氣，其名為風。是唯无作，作則萬竅怒號。

子游問道：
請問老師，我應該怎麼做，才能到達您的境界呢？
子綦回答：
大地呼出的氣息，就叫作風。
這風不吹則已，一旦吹起來，就會使大地上的無數竅穴發出怒號。

而獨不聞之翏翏乎？山陵之畏佳，大木百圍之竅穴。

你難道沒聽過那長風呼嘯的聲音嗎？在巍峨的山陵裡，
有著要上百人張開雙臂才能環抱的大樹，

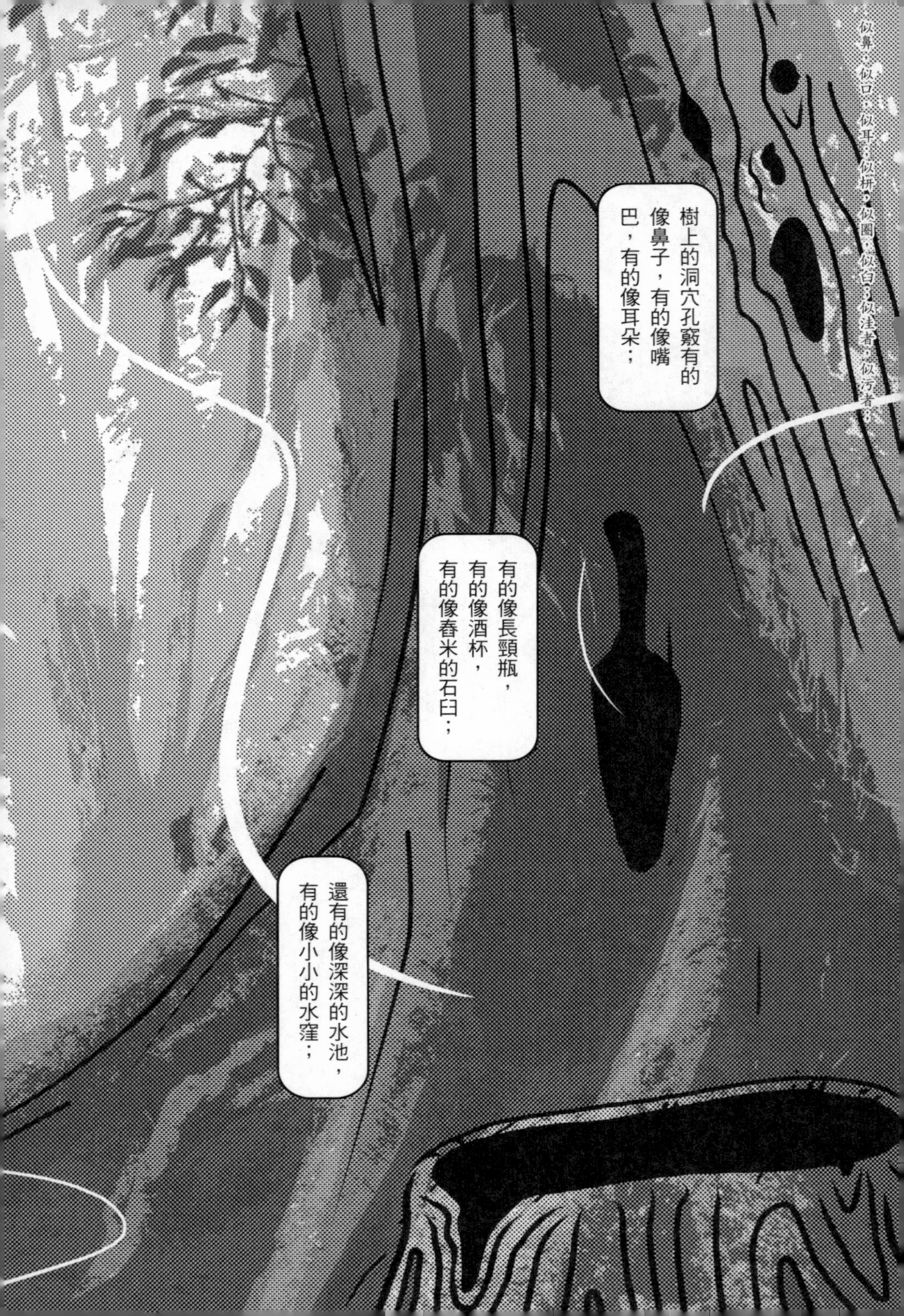
似鼻，似口，似耳，似枅，似圈，似臼，似洼者，似污者；
樹上的洞穴孔竅有的像鼻子，有的像嘴巴，有的像耳朵；
有的像長頸瓶，有的像酒杯，有的像舂米的石臼；
還有的像深深的水池，有的像小小的水窪；

風吹過這些竅穴發出的聲音，
有的像是激動的叫喚，
有的像是大聲呼喊，
有的像在喝叱謾罵，
有的像唏噓嘆息，
像呼叫，像哭號，
像是悲哀深切的低吟，
有的只同一陣鳥鳴。
激者，謞者，叱者，吸者，叫者，譹者，宎者，咬者。

前者唱于，而隨者唱喁。

就像眾人齊心協力在抬大木頭時，
前面的人喊一聲：
嘿咻！
後面的人也跟著喊：
嘿咻！
當風吹過，不同竅穴所發出的聲音也相互應和著。

微風輕輕吹來，孔竅就小聲地應和，
疾風呼嘯襲來，便激烈地回響，
泠風則小和，飄風則大和。

但大風一停，
所有竅穴盡在當下回復原本的虛空寂靜。

可我們的心情，
卻每每在事情過去後，
還繼續擾動不安。

風停了。
你沒看到那已成熟、
垂掛在草木枝頭微微晃動的果實嗎？

而獨不見之調調、之刁刁乎？」

子游曰：「地籟則眾竅是已，人籟則比竹是已。敢問天籟。」

子游又問：
老師說的地籟，是風吹過大地上無數竅穴發出的聲音；
而人籟，則是人吹奏笙簫等竹製排管所發出的樂音。
但請問老師，什麼是天籟呢？

子綦曰：『夫吹萬不同，而使其自己也。咸其自取，怒者其誰邪？』

子綦回答：
同樣一陣風吹過千千萬萬個形狀不同的樹穴孔竅，會發出千千萬萬種相異的聲音，這是每個不同的竅穴自己造成的啊。
要發出什麼樣的聲音，都是自己選擇、決定的，
你說，發動這些怒號的，到底是誰呢？

問題與思考

問一、回想近來讓你最掛心、懊惱、憤怒的一件事。寫下目睹或耳聞這件事的起迄時間，合計有多長？再算算看這事件影響心情的時間，又有多長？

問二、待下一個風浪來襲時，趁機實習：風已吹過、事情已過，就中止執著此事的念頭。試著寫下能放下的關鍵所在。

莫知所萌

大知閑閑，小知閒閒；大言淡淡，小言詹詹。其寐也魂交，其覺也形開，與接為構，日以心鬥。縵者、窖者，密者。小恐惴惴，大恐縵縵。其發若機栝，其司是非之謂也；其留如詛盟，其守勝之謂也；其殺若秋冬，以言其日消也；其溺之所為，之不可使復之也；其厭也如緘，以言其老洫也；近死之心，莫使復陽也。喜、怒、哀、樂，慮、嘆、變、慹，姚、佚、啟、態，樂出虛，蒸成菌。日夜相代乎前，而莫知其所萌。已乎已乎！旦暮得此，其所由以生乎！
非彼無我，非我無所取。是亦近矣，而不知其所為使。若有真宰，而特不得其眹。可行已信，而不見其形。有情而無形。百骸、九竅、六藏，賅而存焉，吾誰與為親？汝皆說之乎？其有私焉！如是皆有為臣妾乎？其臣妾不足以相治乎？其遞相為君臣乎？其有真君存焉！如求得其情與不得，無益損乎其真。一受其存形，不化以待盡。與物相刃相靡，其行盡如馳，而莫之能止，不亦悲乎！終身役役而不見其成功，苶然疲役而不知其所歸，可不哀邪！人謂之不死，奚益！其形化，其心與之然，可不謂大哀乎？人之生也，固若是芒乎？其我獨芒，而人亦有不芒者乎？

〈莫知所萌〉前言

「昨晚風大，回家就感冒了。」他說。
「是哦，我還好吔。」昨晚偕行的我說。
分明那晌吹同一陣風。

◆ ◆ ◆

那麼，那些烙影在日記裡的韶光，真的是你傷了我嗎？
還是我放任自己執迷，放任自己痛哭，放任自己輾轉失眠，放任自己——直到身、心兩傷。
也許是我。無情地袖手旁觀。
無視自我，如何從橋上一躍投河。
無視自我，如何用力地蜷縮自身，才讓只要噗通一跳便可逃離的淺水，就此淹過腳踝，漫過腰際、鼻孔，以及就快要看不見外面世界依然遼闊的，眼睛。自始自終且把心牢牢地和蜷縮的身體綑綁在一起，相隨滅頂。

應該是我，其實是我。你是自由的，而我也是。

如果我能整頓自身——這座快要被煩亂之火焚燒殆盡的森林，讓萬獸歸位。

只要足以號令整座森林快速恢復秩序的萬獸之王，如獅、虎般獨具主宰、治理之力的心靈，不再沉睡。真當起萬獸之君。

不再放任讓眼睛愛看、耳朵愛聽的猴子（——才要牠非禮勿視、非禮勿聽嘛～）和嘴巴愛吃的豬，為了新奇迷眼的聲光、嚐不盡的食物，向外招商、引狼入室（山中無獅、虎，猴、豬當大王！），搞得原本寧靜安定的森林光害眩目、魔音穿腦、百毒入腸。通宵達旦，震天價響。

原本該是萬獸之王的獅、虎醒了。讓心靈拿回眼、耳、鼻、舌……的治理、主宰權。群獸歸隊，囂亂一空。心能宰治，氣定神閒。

——二〇一五・二・六夜

貳——貳

莫知所萌

世俗認定
有大智慧的人總是博學多聞，

而小聰明者
則往往透過觀察別人評斷高下，
執著於是非分別。

合於大道的言論
聽起來很平淡沒什麼特別，
而小聰明的言辭則爭辯不休，
說個沒完。

其寐也魂交，其覺也形開，與接為構，日以心鬥。

人入睡時，軀體雖在休息，靈魂卻仍兀自活動著，
醒來之後，心神更隨著形體外逐奔馳，
我們每天跟世界交接互動，心也不停與各種外在情境交爭戰鬥。

於是在生活中有時寬心、
有時城府深藏，
有時思慮細密。
縵者、窖者、密者。小恐惴惴，大恐縵縵。
面對小的恐懼，
往往是小心翼翼、
緊張擔憂的模樣，
真正巨大的恐懼，
卻反而毫不在意，
茫茫不知道害怕。

其發若機栝，其司是非之謂也；其留如詛盟，其守勝之謂也；

在判別是非對錯的時候，反應之快，就像裝了發射機關的弓弩，一扣即發；
當我們堅守自己認為正確的立場時，就像立過詛咒、發過盟誓般，緊緊守著不放；

於是生命就在與外界的爭鬥中日日消磨減損，衰敗一如秋冬的草木，了無生機；
陷溺在其中，再也無法回到原初的樣態；

其殺若秋冬，以言其日消也；其溺之所為，之不可使復之也；

其厭也如緘，以言其老洫也；近死之心，莫使復陽也。

生命好像封住的信緘，
固執地將成見牢牢密封在其中，
就此乾枯老去；

那千瘡百孔、疲憊瀕死的心，
再也無法回復活潑的生機了。

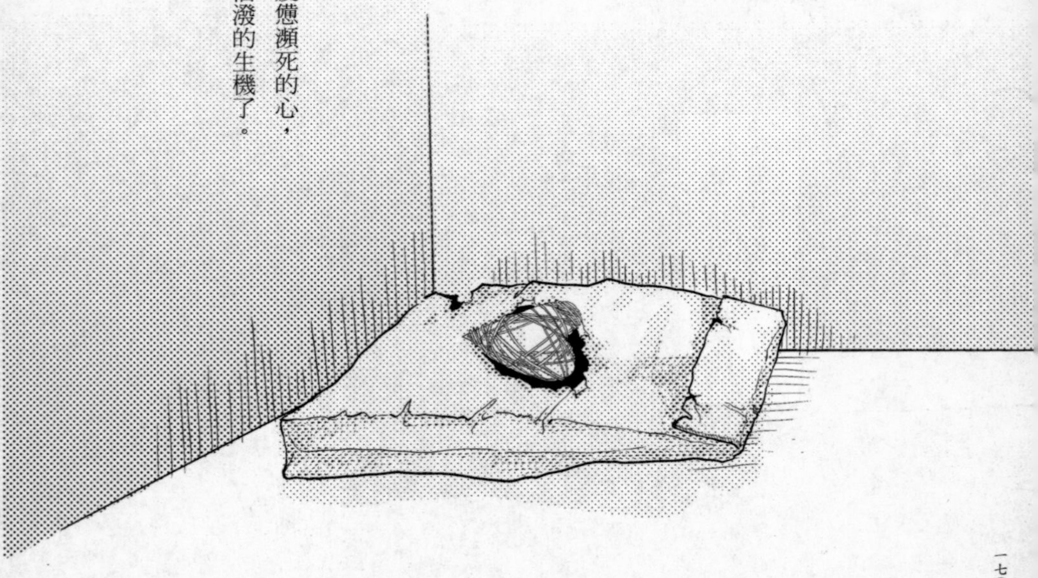

喜、怒、哀、樂，

情緒說變就變：
時而歡喜、
時而憤怒、
時而悲傷、
時而快樂，

?
?
有時對尚未發生的事過多地揣想，
有時不斷地慨嘆過往，有時對已決定的事反覆不定，有時則容易恐懼屈服，
或者輕浮躁動，或者放縱奢華，或者情欲張狂，或者驕傲自誇，

如此變化多端，就好像
從虛孔中吹奏出的各種
樂音，又像濕熱之氣薰
蒸而生的毒蕈。

日夜相代乎前，而莫知其所萌。已乎已乎！旦暮得此，其所由以生乎！

只要是清醒的時候，
這樣的情緒起伏變化就日以繼夜、永不休止，
卻不知道是從何而生。
罷了、罷了！
情緒就這樣，在每個短暫的當下紛擾翻騰，
這些攪擾究竟是從何而來的呢？

非彼無我，非我無所取。是亦近矣，而不知其所為使。

沒有靈魂，就沒有我，
可是沒有我此世的形軀，靈魂也無所憑藉。
這麼說已經很接近真相了，但還是無法得知靈魂與形軀的主使關係。

若有真宰，而特不得其眹。可行已信，而不見其形。有情而無形。

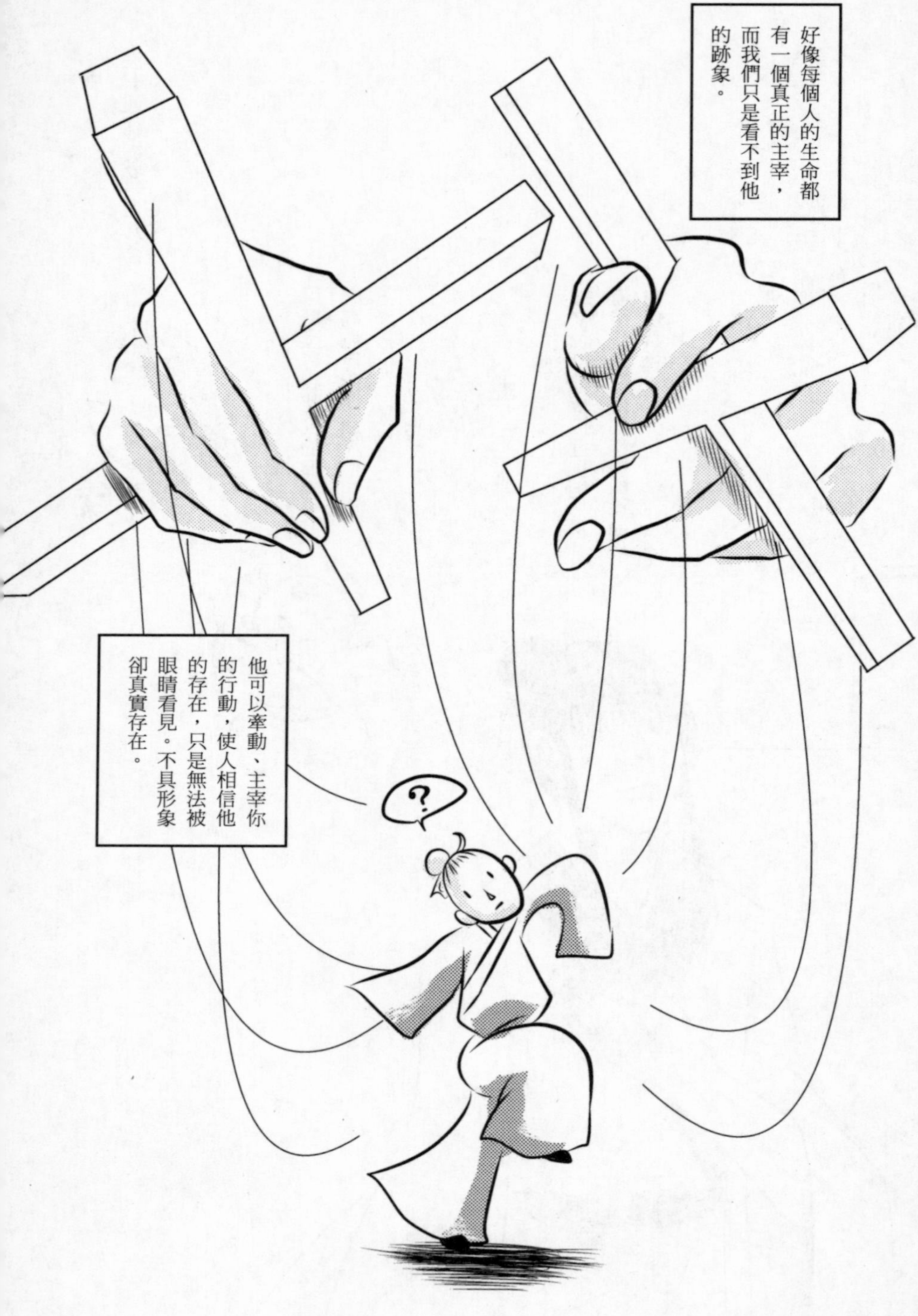
好像每個人的生命都有一個真正的主宰，而我們只是看不到他的跡象。
他可以牽動、主宰你的行動，使人相信他的存在，只是無法被眼睛看見。不具形象卻真實存在。
?

百骸、九竅、六藏，賅而存焉，吾誰與為親？汝皆說之乎？其有私焉！

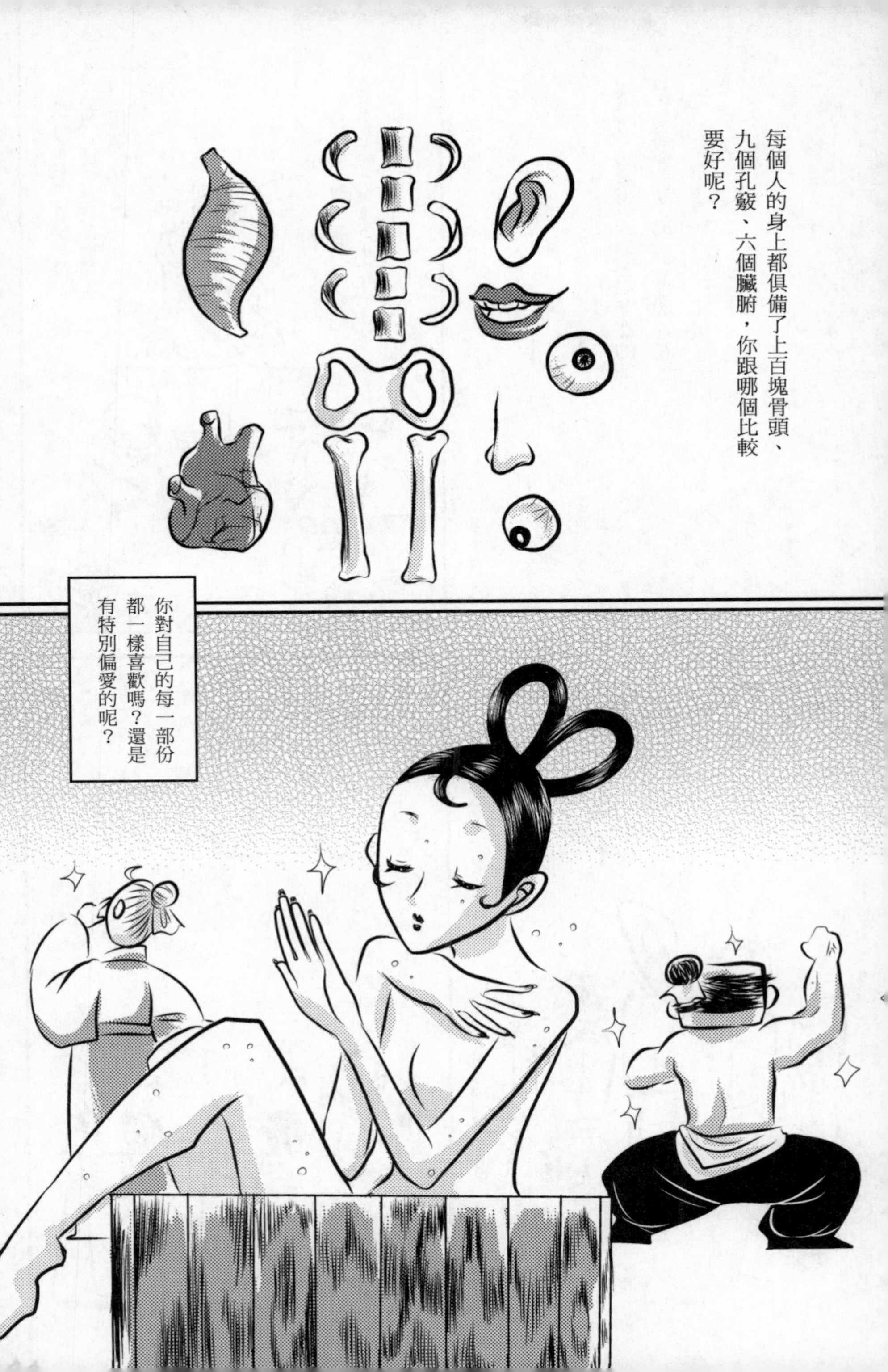
每個人的身上都俱備了上百塊骨頭、九個孔竅、六個臟腑，你跟哪個比較要好呢？
你對自己的每一部份都一樣喜歡嗎？還是有特別偏愛的呢？

如是皆有為臣妾乎？其臣妾不足以相治乎？其遞相為君臣乎？其有真君存焉！如求得其情與不得，無益損乎其真。

那這些骨骼、孔竅、臟腑等身體的各個部份都是臣屬、侍妾嗎？
是否臣屬、侍妾之間沒有主從，而無法互相治理？

還是他們會輪流擔任君王來管理彼此呢？

其實是有個真正的主宰存在的吧。不管我們能不能證明他的存在，都絲毫不增減他存在的事實。

一受其存形，不化以待盡。

當我們的形軀被靈魂真宰所寄寓，展開此世的生活，在尚未死去的每時每刻，便是在等待著生命的盡頭。

與物相刃相靡，其行盡如馳，而莫之能止，不亦悲乎！
我們在這個世界與許多人事物不停地接觸摩擦、牴觸砍殺，互相消磨傷害。
那前進的步伐頭也不回地
向著生命消亡的終點不斷地、
不斷地奔跑，
怎麼樣都停不下來，
這不是很可悲嗎！

終身役役而不見其成功，苶然疲役而不知其所歸，可不哀邪！人謂之不死，奚益！其形化，其心與之然，可不謂大哀乎？

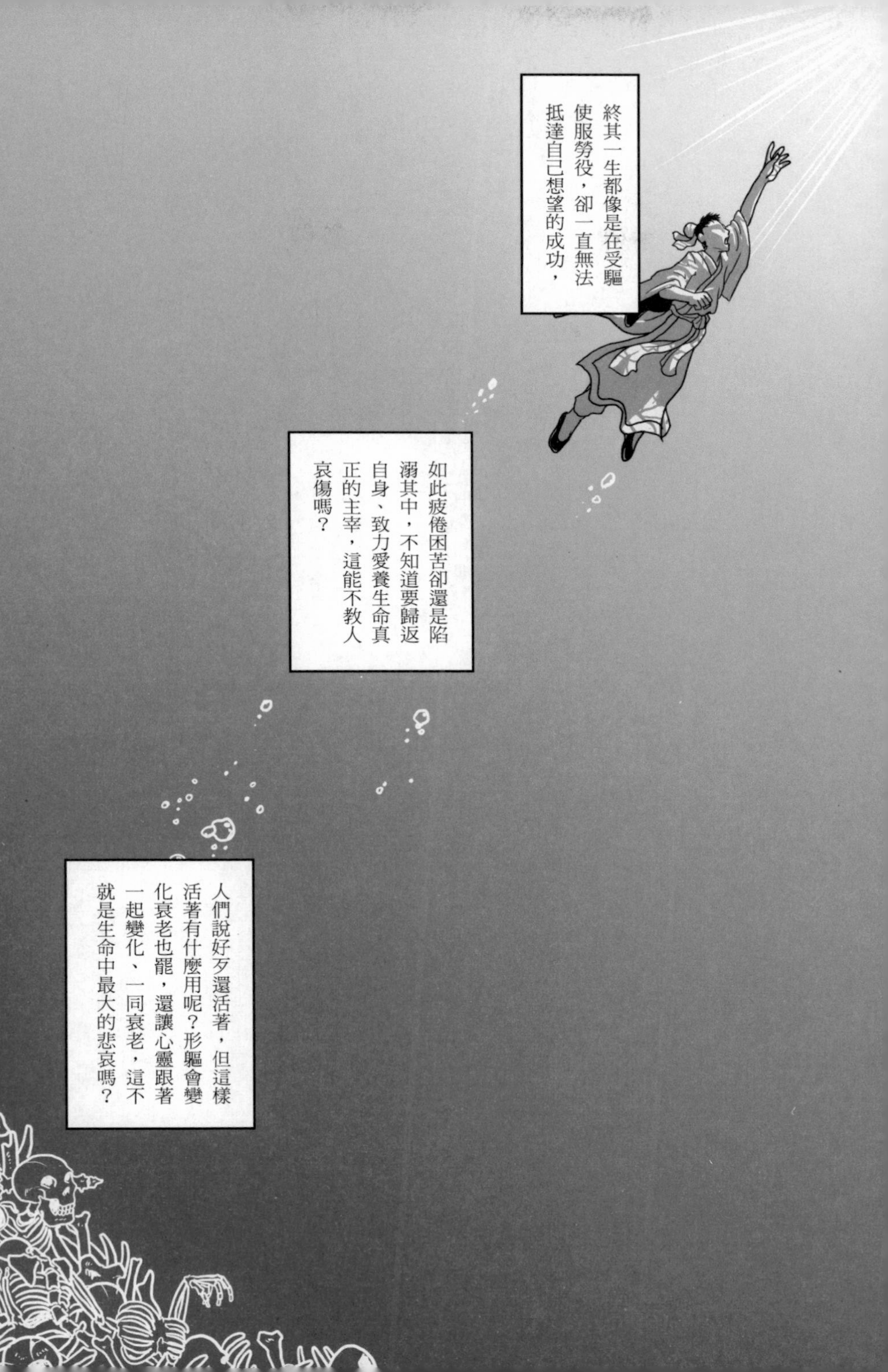
終其一生都像是在受驅使服勞役，卻一直無法抵達自己想望的成功，
如此疲倦困苦卻還是陷溺其中，不知道要歸返自身、致力愛養生命真正的主宰，這能不教人哀傷嗎？
人們說好歹還活著，但這樣活著有什麼用呢？形軀會變化衰老也罷，還讓心靈跟著一起變化、一同衰老，這不就是生命中最大的悲哀嗎？

人的生命，
原本就是這麼茫昧無知嗎？

還是只有我一個人如此
茫昧，而世界上的人又
有不茫昧的嗎？

其我獨芒，而人亦有不芒者乎？

問題與思考

問一、你可有偕親朋好友出門，一起淋雨吹風，結果有人感冒、有人卻沒事的經驗？你確信人的免疫力可藉由營養的食物、充足的運動而提升嗎？試著調整作息、飲食、運動一週，觀察身體的變化。

問二、你說同樣一句話，可曾有過甲聽了很受傷、乙卻沒事的經驗？心靈的堅強、寬闊度，是否也能藉由對的方法加以鍛鍊，而日益寬闊、增強？

莫若以明

夫隨其成心而師之，誰獨且無師乎？奚必知代；而心自取者有之；愚者與有焉。未成乎心而有是非，是今日適越而昔至也。是以無有為有。無有為有，雖有神禹且不能知，吾獨且柰何哉！夫言非吹也，言者有言，其所言者特未定也。果有言邪？其未嘗有言邪？其以為異於鷇音，亦有辯乎？其無辯乎？道惡乎隱而有真偽？言惡乎隱而有是非？道惡乎往而不存？言惡乎存而不可？道隱於小成，言隱於榮華。故有儒、墨之是非，以是其所非，而非其所明。

是。欲是其所非而非其所是，則莫若以明。

物無非彼，物無非是。自彼則不見，自喻則知之。故曰彼出於是，是亦因彼，彼是方生之說也。雖然，方生方死，方死方生。方可方不可，方不可方可。因是因非，因非因是。是以聖人不由，而照之於天，亦因是也。是亦彼也，彼亦是也。彼亦一是非，此亦一是非。果且有彼是乎哉？果且无彼是乎哉？彼是莫得其偶，謂之道樞。樞始得其環中，以應無窮。是亦一無窮，非亦一無窮也。故曰莫若以明。以指喻指之非指，不若以非指喻指之非指也；以馬喻馬之非馬，不若以非馬喻馬之非馬也。天地一指也，萬物一馬也。可乎可，不可乎不可。道行之而成，物謂之而然。惡乎然？然於然。惡乎不然？不然於不然。物固有所然，物固有所可。無物不然，無物不可。故舉莛與楹，厲與西施，恢恑憰怪，道通為一。其分也，成也。其成也，毀也。凡物無成與毀，復通為一。唯達者知通為一，為是不用而寓諸庸。庸也者，用也；用也者，通也；通也者，得也；適得而幾矣。因是已。已而不知其然謂之道。勞神明為一，而不知其同也。謂之朝三。何謂朝三？狙公賦芧，曰：「朝三而莫四。」眾狙皆怒。曰：「然則朝四而莫三。」眾狙皆悅。名實未虧，而喜、怒為用，亦因是也。是以聖人和之以是非，而休乎天鈞，是之謂兩行。

古之人，其知有所至矣。惡乎至？有以為未始有物者，至矣、盡矣，不可以加矣；其次以為有物矣，而未始有封也；其次以為有封焉，而未始有是非也。是非之彰也，道之所以虧也。道之所以虧，愛之所以成。果且有成與虧乎哉？果且無成與虧乎哉？有成與虧，故昭氏之鼓琴也；無成與虧，故昭氏之不鼓琴也。昭文之鼓琴也，師曠之枝策也，惠子之據梧也，三子之知幾乎！皆其盛者也，故載之末年。唯其好之也，以異於彼。其好之也，欲以明之彼。非所明而明之，故以堅白之昧終。而其子又以文之綸終，終身無成。若是而可謂成乎？雖我亦成也。若是而不可謂成乎？物與我無成也。是故滑疑之耀，聖人之所啚也。為是不用而寓諸庸，此之謂以明。

今且有言於此，不知其與是類乎？其與是不類乎？類與不類，相與為類，則與彼無以異矣。雖然，請嘗言之，有始也者，有未始有始也者，有未始有夫未始有始也者。有有也者，有無也者，有未始有無也者，有未始有夫未始有無也者。俄而有、無矣，而未知有、無之果孰有孰無也。今我則已有謂矣，而未知吾所謂之其果有謂乎？其果無謂乎？天下莫大於秋豪之末，而大山為小；莫壽乎殤子，而彭祖為夭。天地與我並生，萬物與我為一。既已為一矣，且得有言乎？既已謂之一矣，且得無言乎？一與言為二，二與一為三。自此以往，巧歷不能得，而況其凡乎！故自無適有，以至於三，而況自有適有乎？無適焉，因是已。

夫道未始有封，言未始有常。為是而有畛也，請言其畛：「有左、有右，有論、有議，有分、有辯，有競、有爭。此之謂八德。」六合之外，聖人存而不論；六合之內，聖人論而不議。《春秋》經世，先王之志，聖人議而不辯。故分也者，有不分也；辯也者，有不辯也。曰：「何也？」「聖人懷之，眾人辯之以相示也。故曰辯也者，有不見也。」夫大道不稱，大辯不言，大仁不親，大廉不嗛，大勇不忮。道昭而不道，言辯而不及，仁常而不周，廉清而不信，勇忮而不成。五者园而幾向方矣。故知止其所不知，至矣！孰知不言之辯，不道之道？若有能知，此之謂天府。

注焉而不滿，酌焉而不竭，而不知其所由來，此之謂葆光。

故昔者堯問於舜曰：「我欲伐宗、膾、胥敖，南面而不釋然，其故何也？」舜曰：「夫三子者，猶存乎蓬艾之間，若不釋然，何哉？昔者十日並出，萬物皆照，而況德之進乎日者乎！」

〈莫若以明〉前言

你可曾有過：正要與至親的家人、要好的朋友、至愛的情人，由面對而對峙、由對峙而對敵的一瞬——內心忽然喊停，進而轉怒為喜、轉危為安的經驗？

因為能夠理解體諒、因為瞬間同情共感。

站在幾樓的高度俯看這座城市，才能無所偏蔽、完整照見？

登上哪個山頭看人間，才能跳脫立場、公平照看？

心隨境轉，於是，記罣、懸念、牽縈、糾葛，原本爭鳴於心的雜音，遠了。只像城市街頭，路邊夏樹的一陣婉轉。

此時傾耳靜聽，啁啾再悅耳、節拍再紛雜，不再因此亂氣、動心——昨日付之一怒的，而今可以付之一笑。

無妨了。

可憎，也可憐。可惱，也可愛。

敵人不復對敵，是手足。

太愛也可悲。執手也可放。

眷戀不復執迷，天涯亦若咫尺。

當衡量、評比高下的尺，從功成名就、財源廣進（或居仁由義、取義捨生？），轉換成心寬身適、健步如飛。則人間世的標竿，歷史的典範，也將隨之翻轉、易位。

巨大的，渺小了。非要不可的，淡然了。

「你有工作嗎？」有啊！

「你作什麼？」我建築師，給人設計安全舒適的房子。

那你呢？「我作麵攤啦，下麵給深夜未歸、餓肚子的人。」

我的胃腸因你溫暖。

你的屋舍因我而得以避雨遮風。

我們的生活，因彼此、因芸芸眾生而完整。

一己生命才得以在其中，長養真氣、靜定心神。

◆◆◆

鳥噪枝頭，一樹仍多異議……

夜鷺群聚，眾啾一詞：非征討那些白晝亂飛的異類不行……

——二〇一五・二・六夜

夫隨其成心而師之，誰獨且無師乎？
貳——參
莫若以明
人們心中都有固有的成見，並把成見當老師一樣在遵循。這世上誰能獨獨沒有成見呢？

奚必知代，而心自取者有之；愚者與有焉。未成乎心而有是非，是今日適越而昔至也。是以無有為有。

任隨際遇起伏情緒，日以繼月迭代攪擾，哪裡是看清此等生命實相的人才有成見；或偏執一己之見的人才有成見；
事實上，即便傻瓜也會拜著他那傻瓜的成見為師。
若說有人心中沒有成見，卻仍覺得世間存在是與非，
昨天已到
今天出發
那就像今天才出發去越國卻說昨天就已經到達了一般。如同把「沒有」當作「有」，是不可能的事。
越

無有為有，雖有神禹且不能知，吾獨且柰何哉！

若說「沒有」就是「有」，
就算神聖英明如大禹也無法理解，更何況是我這樣平凡的人呢！

人所說的話不像自然吹拂的風
有特定的形態及方向，
話語攜帶著說話者要表達的內容，
有著不確定性，隨時可能會改變，
更沒有統一的定論。

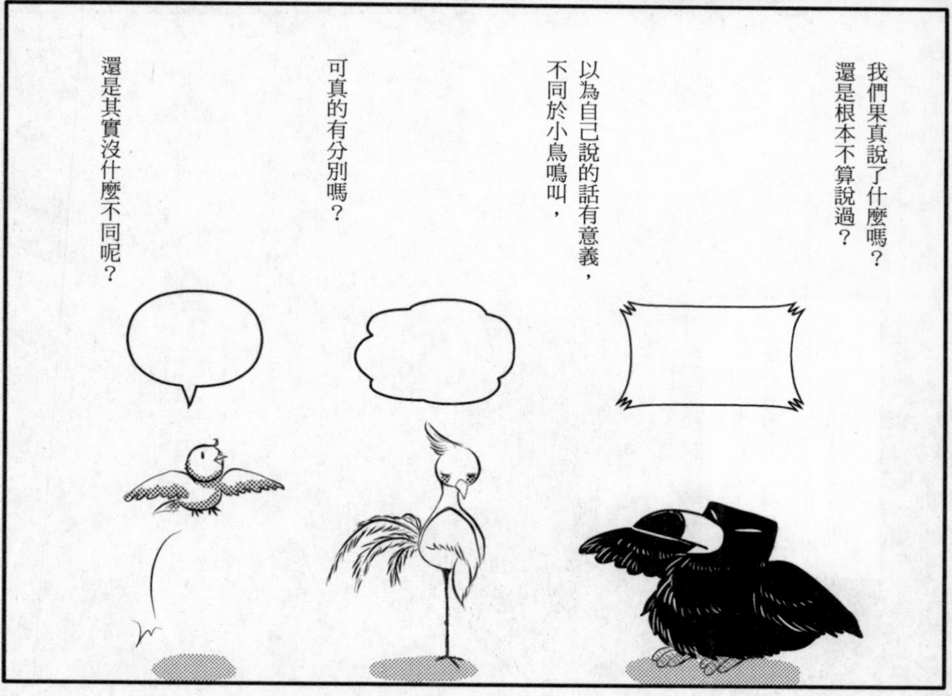
我們果真說了什麼嗎？
還是根本不算說過？
以為自己說的話有意義，
不同於小鳥鳴叫，
可真的有分別嗎？
還是其實沒什麼不同呢？

夫言非吹也，言者有言，其所言者特未定也。果有言邪？其未嘗有言邪？其以為異於鷇音，亦有辯乎？其無辯乎？

道惡乎隱而有真偽？言惡乎隱而有是非？道惡乎往而不存？言惡乎存而不可？道隱於小成，言隱於榮華。
真正的道理為什麼被隱蔽，使世界生出真真假假？真實的話語又為何被隱蔽，而有了是非的爭執呢？
真正的道理哪裡去了呢，那應是無所不在的啊？為什麼這世上的話語，只剩下人們無法認可的言論？

這是因為，真正的道理被有限的成就隱蔽，真知灼見的話語，則被浮華言論所遮蔽。
所以才會有儒家、墨家
抱著各自的是非價值，
視對方覺得不對的事，是對的，
而對方覺得對的事是不對的。

如果想看見自己覺得不對的事物的肯定面，
反省自己覺得對的事物的不足，
不如站在太陽和月亮的高度，
公平照看大地上的萬事萬物，

當你可以無所偏執地同情、體諒每個不同的立場，
完整照見一件事物的各個不同面向，
世間的真實將更加清晰地呈現在自己面前。

欲是其所非而非其所是，則莫若以明。

世間萬物，沒有一個不是「他方」，
也沒有一個不是「己方」。
他們可以是「這個」
也可以是「那個」。

自彼則不見，自喻則知之。

以看「他方」的角度看事物，
往往感到無法理解，
或看不到它的優點。
但若以看「自己」的角度，
就很容易感同身受，
或明白其長處。

故曰彼出於是，是亦因彼，彼是方生之說也。雖然，方生方死，方死方生。

所以說：
「他們」是因為有
「我們」才產生的，
「我們」的概念也是因為有
「他們」才得以成立，
所謂他方及我方的分別，
其實是一起產生、
同時存在的。
雖然如此，同時出現的
彼此也可能同時消失，
同時消失了以後又可能
同時出現。

有時候我們覺得有道理的事，下一秒又不以為然。

分明剛剛才覺得實在不合理，過一會兒卻又覺得好像也說得過去。

方可方不可，方不可方可。

人們常常依循著自以為正確的價值觀評斷事物，
但是等到位子改變以後，
卻又依循著原本不認同的觀念批評他人。
如此反覆變化沒有一定的標準。

是以聖人不由，而照之於天，亦因是也。

正是因為這樣，
所以聖人並不隨著世間的彼此、是非起舞，
而是以天空一般超越的眼光明照一切。

是亦彼也，彼亦是也。彼亦一是非，此亦一是非。

「己方」換個角度就變成「他方」，
「他方」換個角度亦是「己方」。
我們覺得對的，在別人眼中可能是錯的，
而我們認為錯的，在他人眼中也許是對的。
他們有一套自己的是非標準，
我們也有一套自己的是非標準。

果且有彼是乎哉？果且无彼是乎哉？彼是莫得其偶，謂之道樞。樞始得其環中，以應無窮。

然而真的有人們認定的是與非嗎？還是其實沒有是、非的定論呢？
一旦能不站在彼我對立的立場看待萬事萬物，那麼就能稱得上是立於道的軸心。
若我們立於門軸的位置，也就是圓心，則與邊上的每個點距離都相等，如此才能公平客觀地應接無窮的事物而無所偏袒。

是亦一無窮，非亦一無窮也。
故曰莫若以明。
堅持己「是」，是一場無窮的爭辯；
議論人「非」，是另一場無窮爭辯的開端。
一旦落入這些
「是」與「非」的爭論中，
爭辯就沒完沒了了。
是
非
所以才說最好的方法
莫過於站在超越是非的高度，
如太陽般無所偏執地關照這個世間。

以指喻指之非指，不若以非指喻指之非指也；以馬喻馬之非馬，不若以非馬喻馬之非馬也。

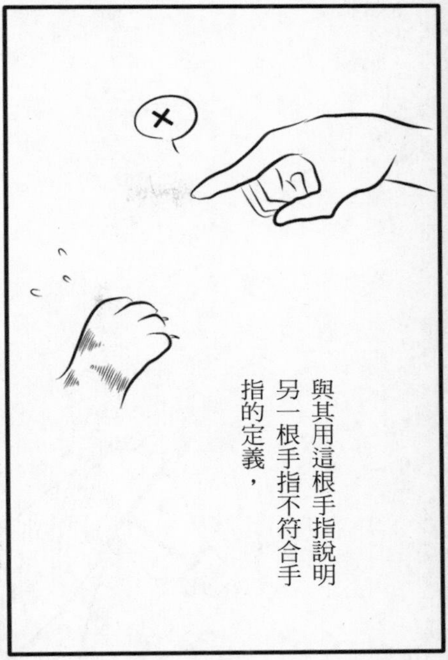
與其用這根手指說明
另一根手指不符合手
指的定義，

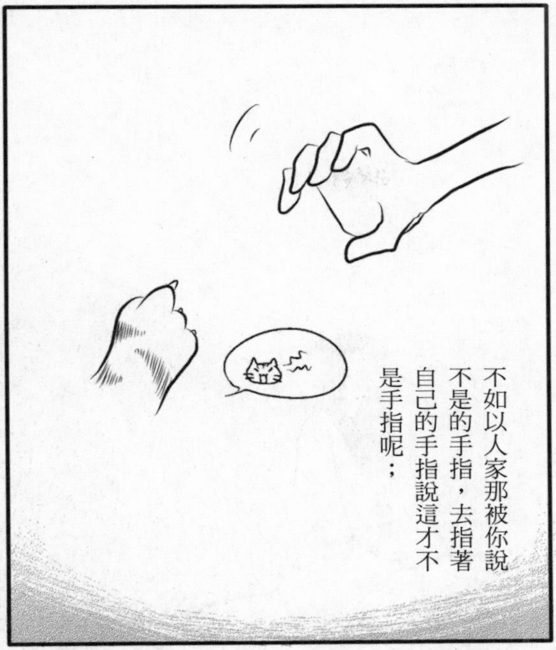
不如以人家那被你說
不是的手指，去指著
自己的手指說這才不
是手指呢；

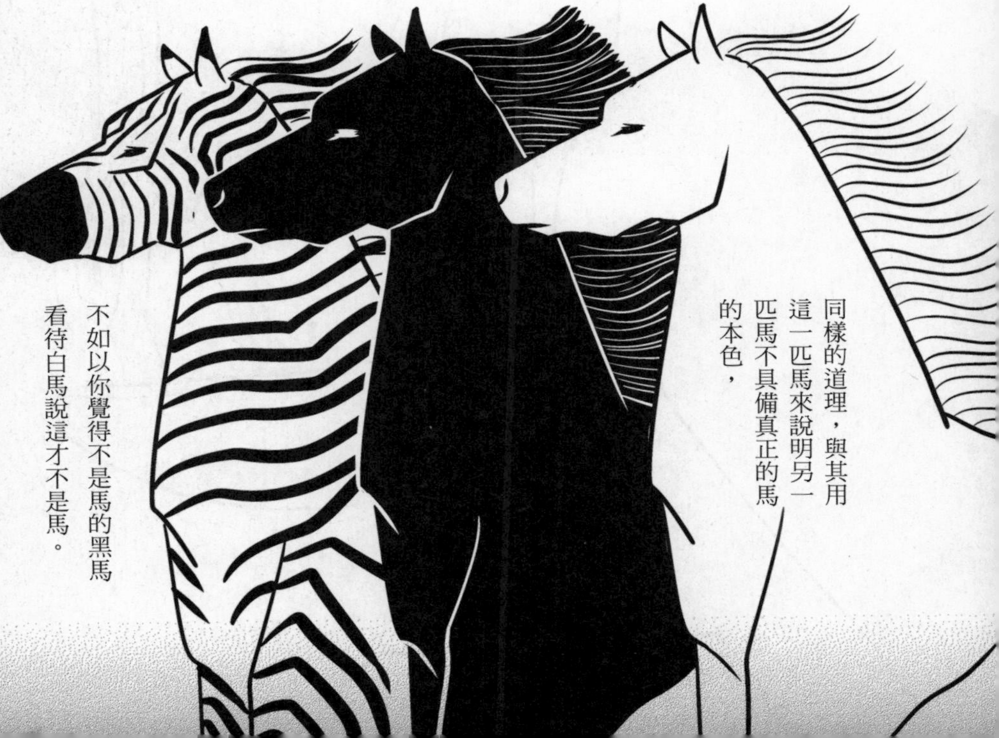
同樣的道理，與其用
這一匹馬來說明另一
匹馬不具備真正的馬
的本色，
不如以你覺得不是馬的黑馬
看待白馬說這才不是馬。

天地一指也，萬物一馬也。

用這樣的態度來看待世界，
天地間的是非，
就和這一指、一馬相同。

可乎可，不可乎不可。道行之而成，物謂之而然。

人情事理，都是根據可以的理由說可以，根據不可以的理由說不可以。

道路因人的行走而形成，萬物由於人們的稱呼才有了名字。

為什麼說它對呢？因為我們根據它對的理由說它對。又為什麼說它不對？因為我們根據它不對的地方說它不對。

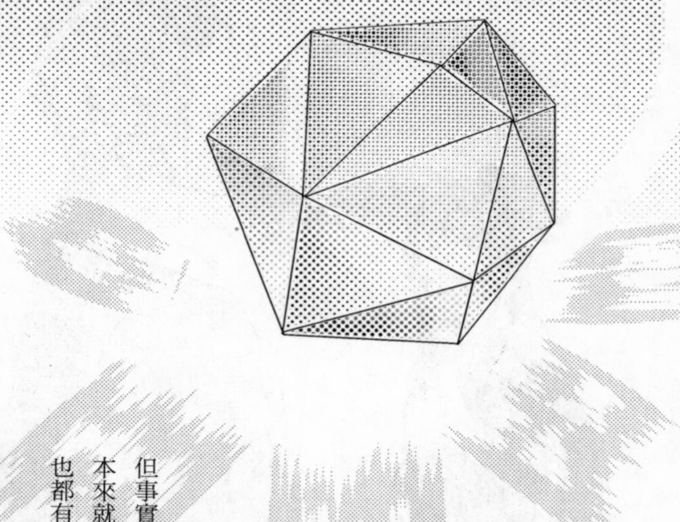

但事實上，每一樣事物
本來就都有可以說是對的面向，
也都有值得肯定的部分。

從這樣的角度來看，
沒有什麼是全然不對、不可以的。

惡乎然？然於然。惡乎不然？不然於不然。物固有所然，物固有所可。無物不然，無物不可。

舉凡小木簪與大屋樑，
滿臉病癩的醜女與貌若
天仙的西施，
不管是恢宏的、多變的、
狡詐的又或者怪異的事物，
從道的角度來看，
都是可以被同情了解或欣賞的。

其分也，成也。其成也，毀也。

一件事物的毀壞，是另一件事物的完成。就像把羊毛剃下來，才能織成毛衣。把樹木砍下來，才能做成傢俱。

成就事物的背後也有為了建立而造成的毀壞。所以在完成毛衣或傢俱的同時，
羊失去牠的毛，而樹木也被砍伐倒下。

凡物無成與毀，復通為一。唯達者知通為一，為是不用而寓諸庸。

事物從一方面看是完成了，
但從另一面看卻是毀壞了。
這樣看來，便沒有成就或是毀壞的區分，萬事萬物都一樣有著成毀可說。

然而只有通達的人
才能明白——有成有毀、
有得有失——通同為一的道理。
因此他不把成為一個有用的「工具」
當作此生的終極目標，
但仍將自己寄託在平凡的世用裡。

寄託在工作裡，
是為了讓自己在世上有所用；
透過供應他人的需求而有用於世，
就能夠跟世界上的其它人
交換、溝通、來往；
能與人互通有無，那就對了；

能夠做到這樣，就很接近道了。

其實就是這樣而已。

已經這麼做了，
卻不知道為什麼要這樣做，
這就是道了。

庸也者，用也；用也者，通也；通也者，得也；適得而幾矣。因是已。已而不知其然謂之道。

勞神明為一，而不知其同也。謂之朝三。何謂朝三？

相反的，
若操勞心神只為了執著一件事，
卻不知道執著與不執著的結果其實相差無幾。
這就好比「朝三」的故事。

什麼是「朝三」呢？

狙公賦芧，曰：「朝三而莫四。」眾狙皆怒。

這就要從一個養猴的人說起，他叫狙公。
有一天，他一邊丟橡樹的果實給猴兒們吃，一邊對猴兒們說：
猴啊猴，我早上給你們三升橡實，傍晚給你們四升，這樣好不好？
結果猴兒們覺得太少，全都生氣得跳起來暴動。

曰：『然則朝四而莫三。』眾狙皆悅。名實未虧，而喜、怒為用，亦因是也。

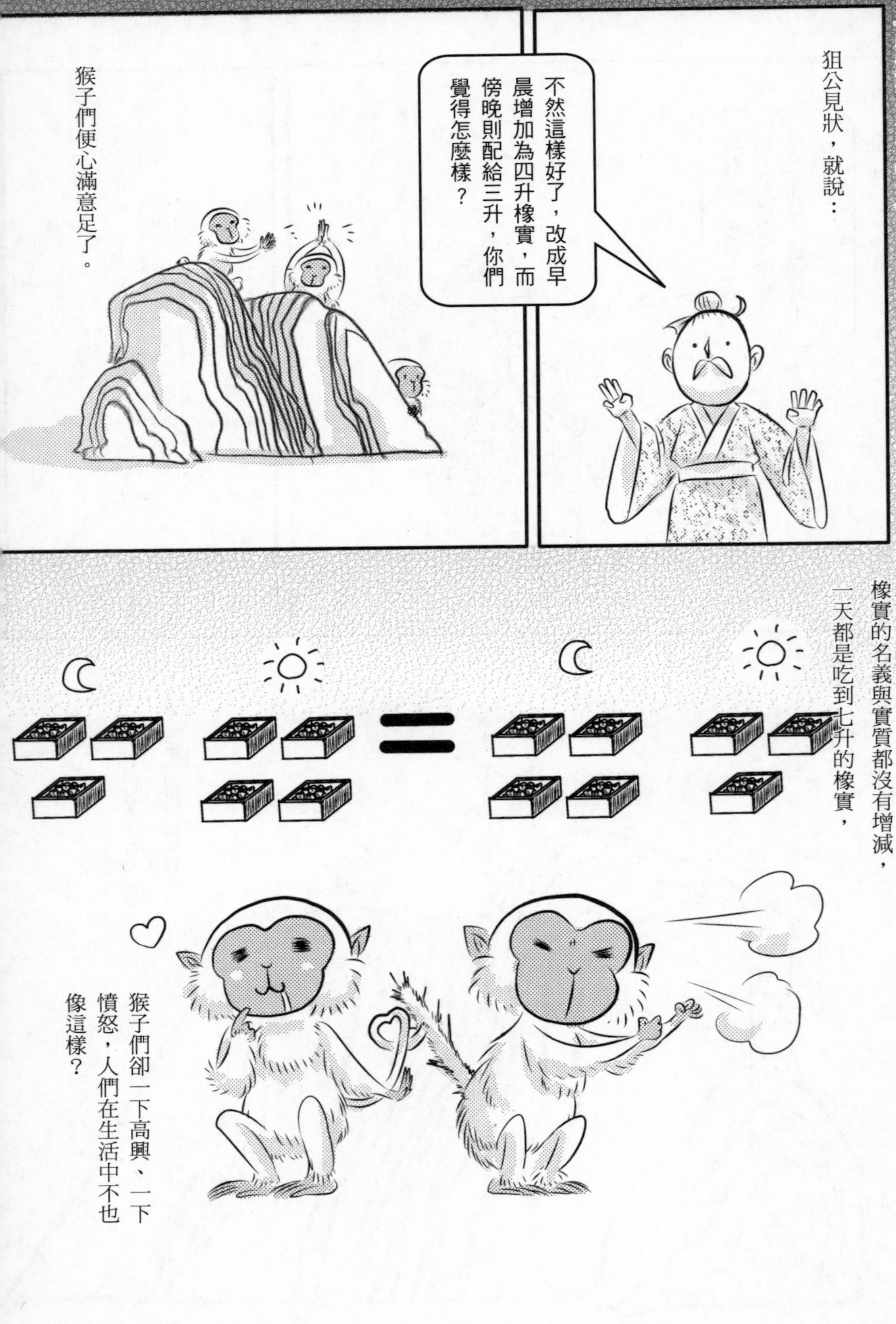
狙公見狀，就說：
不然這樣好了，改成早晨增加為四升橡實，而傍晚則配給三升，你們覺得怎麼樣？
猴子們便心滿意足了。
橡實的名義與實質都沒有增減，
一天都是吃到七升的橡實，
猴子們卻一下高興、一下憤怒，人們在生活中不也像這樣？

因此聖人能化解是非對立，
讓爭議停止在自然該停止的地方，
明白是與非各有各的道理，
都有其存在的理由，
這就叫「兩行」。

是以聖人和之以是非，而休乎天鈞，是之謂兩行。

古之人，其知有所至矣。惡乎至？

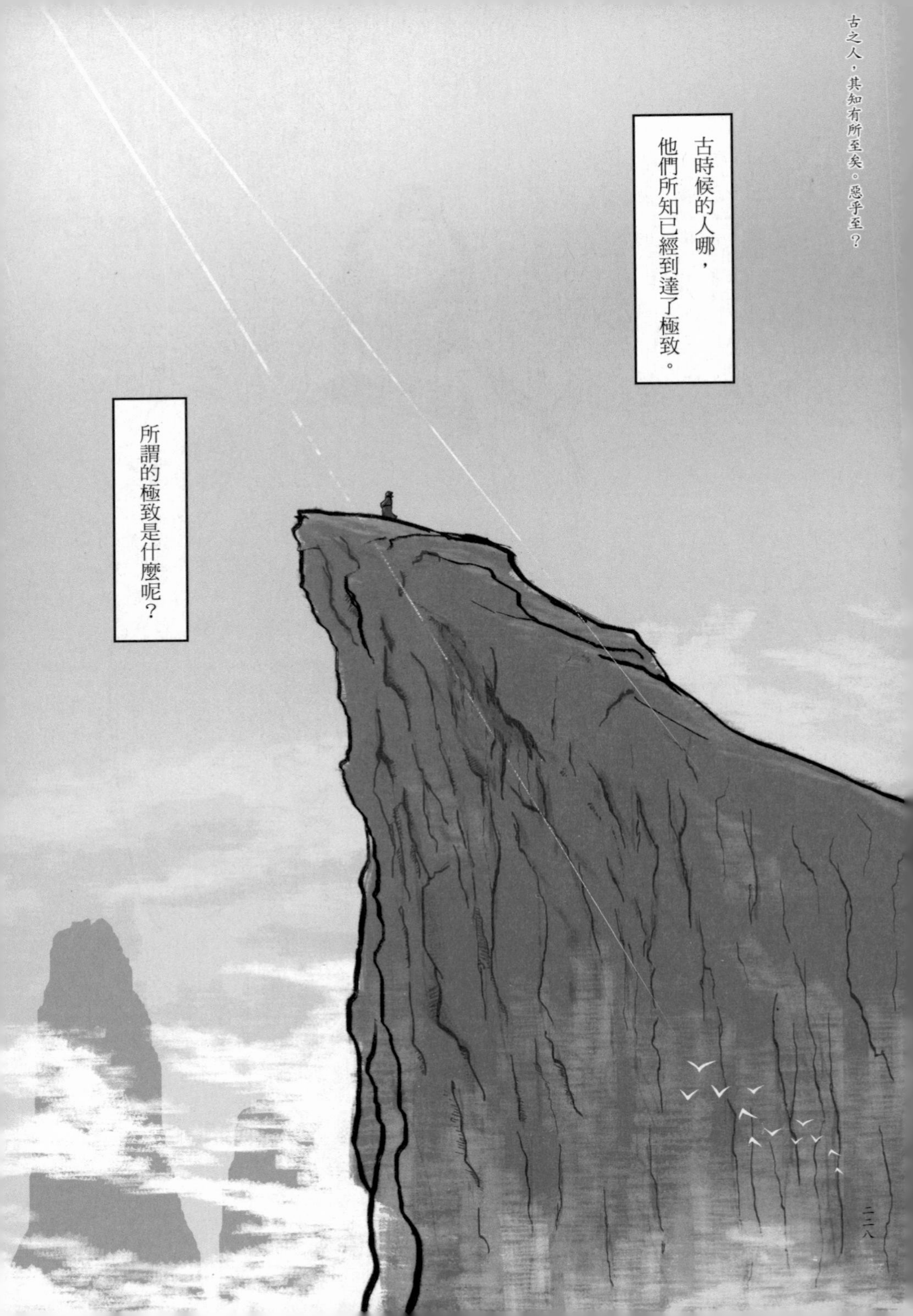
古時候的人哪，
他們所知已經到達了極致。
所謂的極致是什麼呢？

他們認為，這個世界的開始，
並不存在具體的物質、現象，
——優先於一切具體事物存在的，
是沒有形體、無法被看見的心神靈魂——

這就是知識的極致與盡頭，
再沒有更高的知識了；

有以為未始有物者，至矣、盡矣，不可以加矣；

其次以為有物矣，而未始有封也；其次以為有封焉，而未始有是非也。

其次，是把焦點放在世界上
能夠以五官感受到的具體事物，
但不認為它們有分類、分界；

再其次，
雖然心中有著類別和區隔，
但尚未從這些分別中
蘊生出是非好惡的價值判斷。

是非之彰也，道之所以虧也。
一旦有了是非對錯的計較，
我們對萬事萬物的理解
便有所蒙蔽，
「道」便有了虧損。

道之所以虧，愛之所以成。果且有成與虧乎哉？果且無成與虧乎哉？

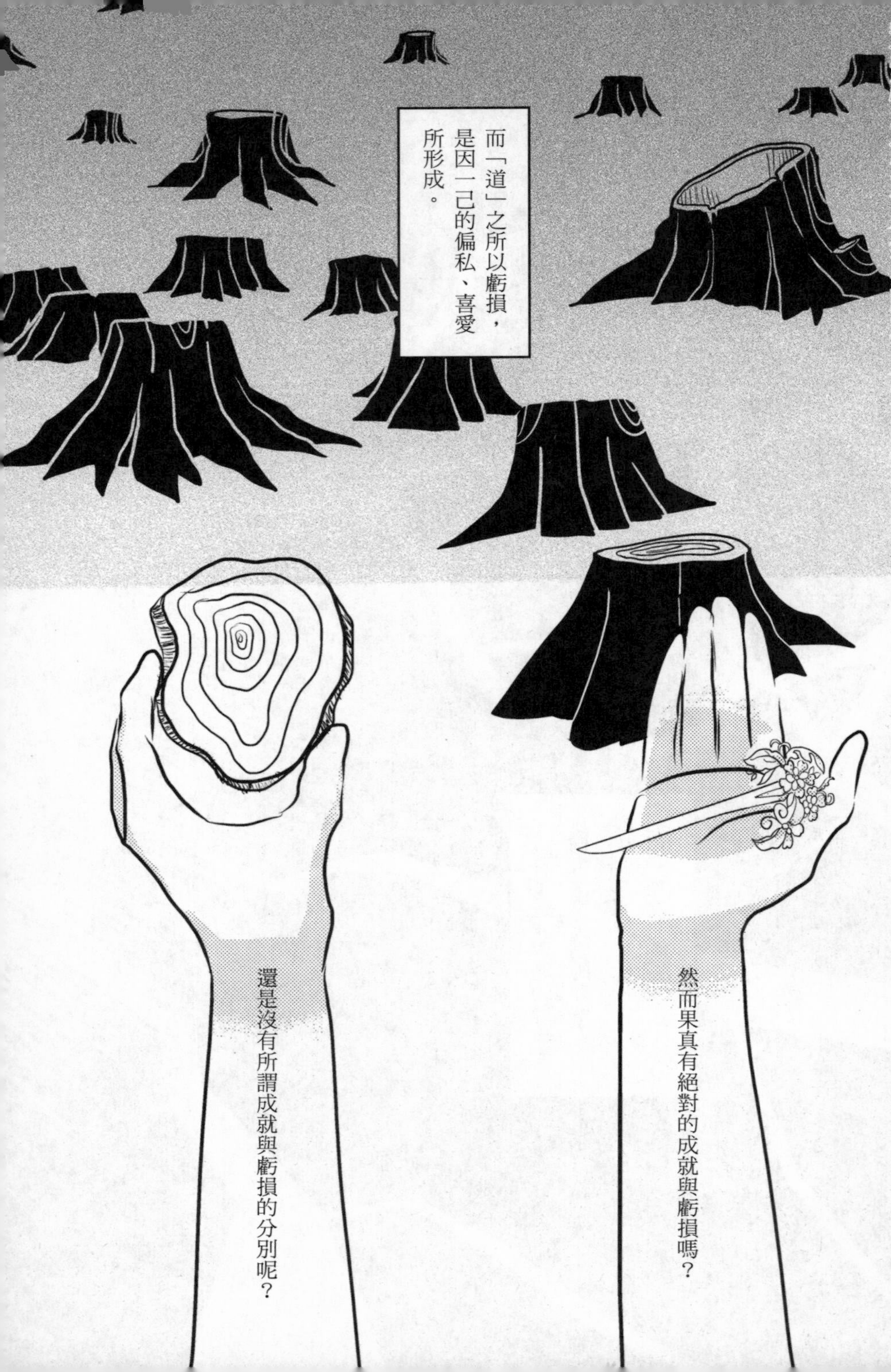
而「道」之所以虧損，是因一己的偏私、喜愛所形成。
然而果真有絕對的成就與虧損嗎？
還是沒有所謂成就與虧損的分別呢？

有成與虧，故昭氏之鼓琴也；無成與虧，故昭氏之不鼓琴也。

成就與虧損的分別，顯現在擅於彈琴的昭文展現琴藝給別人聽的時候；
沒有成虧的分別，就好比昭文不彈琴旁人便無從評價。
當他以提升自我身心而非以琴藝為目標時，便不再落入世俗所謂成就與虧損的評價之中。

昭文之鼓琴也，師曠之枝策也，惠子之據梧也，

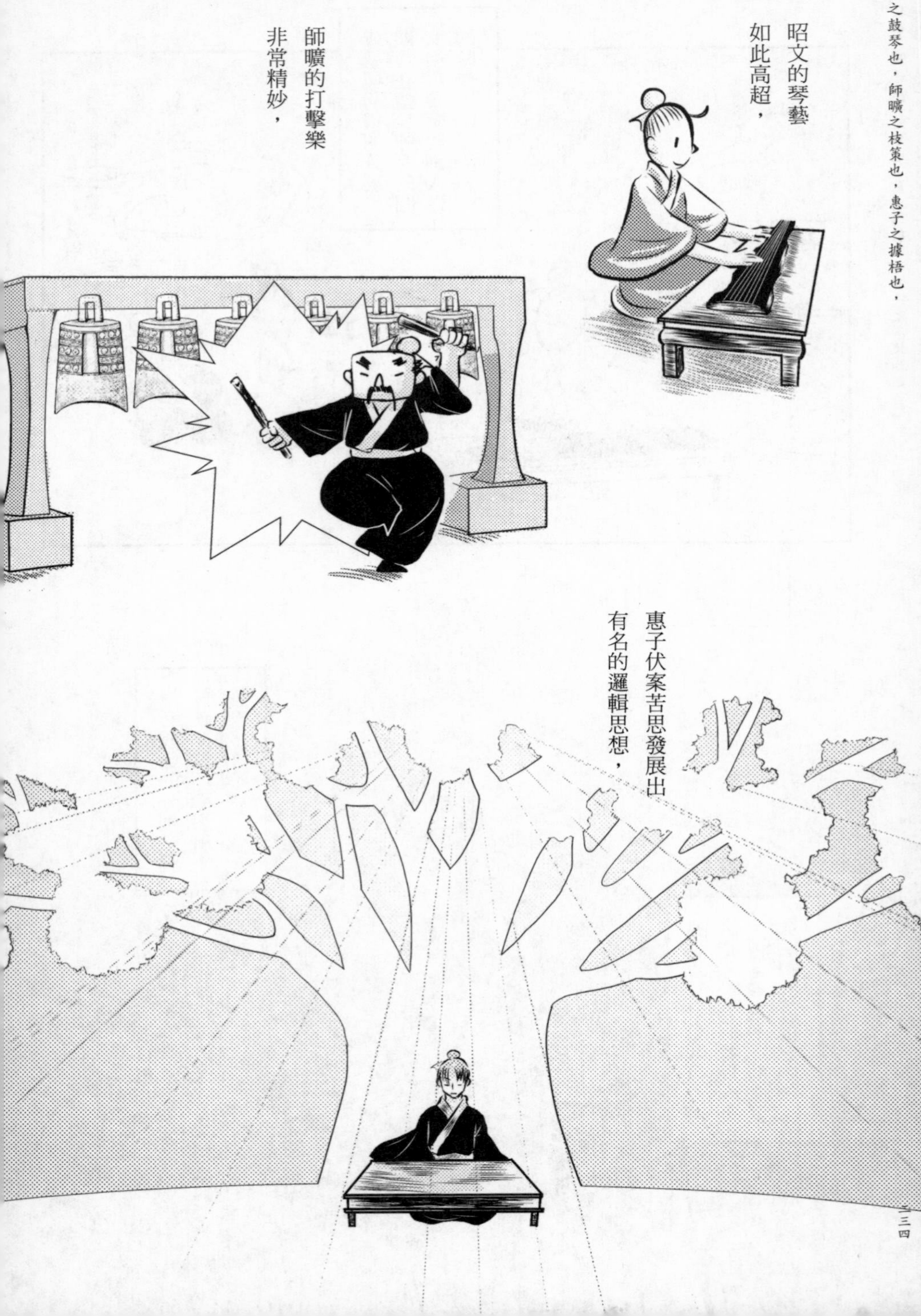

昭文的琴藝
如此高超，
師曠的打擊樂
非常精妙，
惠子伏案苦思發展出
有名的邏輯思想，

三子之知幾乎！皆其盛者也，故載之末年。

三個人的知識技藝幾乎達到所能到達的盡頭！都已登峰造極，因此人們記載了他們的成就，流傳於後世。

唯其好之也，以異於彼。其好之也，欲以明之彼。非所明而明之，故以堅白之昧終。而其子又以文之綸終，終身無成。

正因他們的技藝如此出色，而顯得與眾不同。
也因為有優異的強項，所以亟欲能彰顯自己的與眾不同。
但所致力彰顯的部分卻不是該彰顯的，所以惠子才會在「區隔石頭之堅硬與色白兩種性質」這樣的理論中，茫昧地虛耗一生。
而昭文的兒子又繼承昭文的事業，琴藝卻及不上昭文，終其一生無所成就。

如果像他們這樣都能稱為成就的話，
那麼我也算是有成就了吧。
但如果不能說是成就的話，
那麼世間萬物與我們都算不上有什麼成就了。
若是而可謂成乎？雖我亦成也。若是而不可謂成乎？物與我無成也。

是故滑疑之耀，聖人之所啚也。
所以這種刻意彰顯於世、眩人耳目的成就，像水流一樣紊亂湧現的炫目光芒，是聖人所輕視、不想要也不願作的。

為是不用而寓諸庸，此之謂以明。
能不汲汲營營成為一個有用的「工具」，只是將生命寄託在日常的職業，在其中陶冶長養自己的身心，
這樣的境界就叫做生命的光明。

假使今天我在這裡說了些話，
不知道是屬於「是」的這一類呢？

還是不屬於「是」、
也就是「非」的那一類呢？

不管我說的話究竟屬不屬於「是」的這一類，勢必是其中一類，那麼，我跟前頭舉例的那些人其實沒有多大差別，都還在是非之中對立著。
類與不類，相與為類，則與彼無以異矣。

雖然如此，還是容我試著跟大家說幾句話吧。

有始也者，有未始有始也者，有未始有夫未始有始也者。

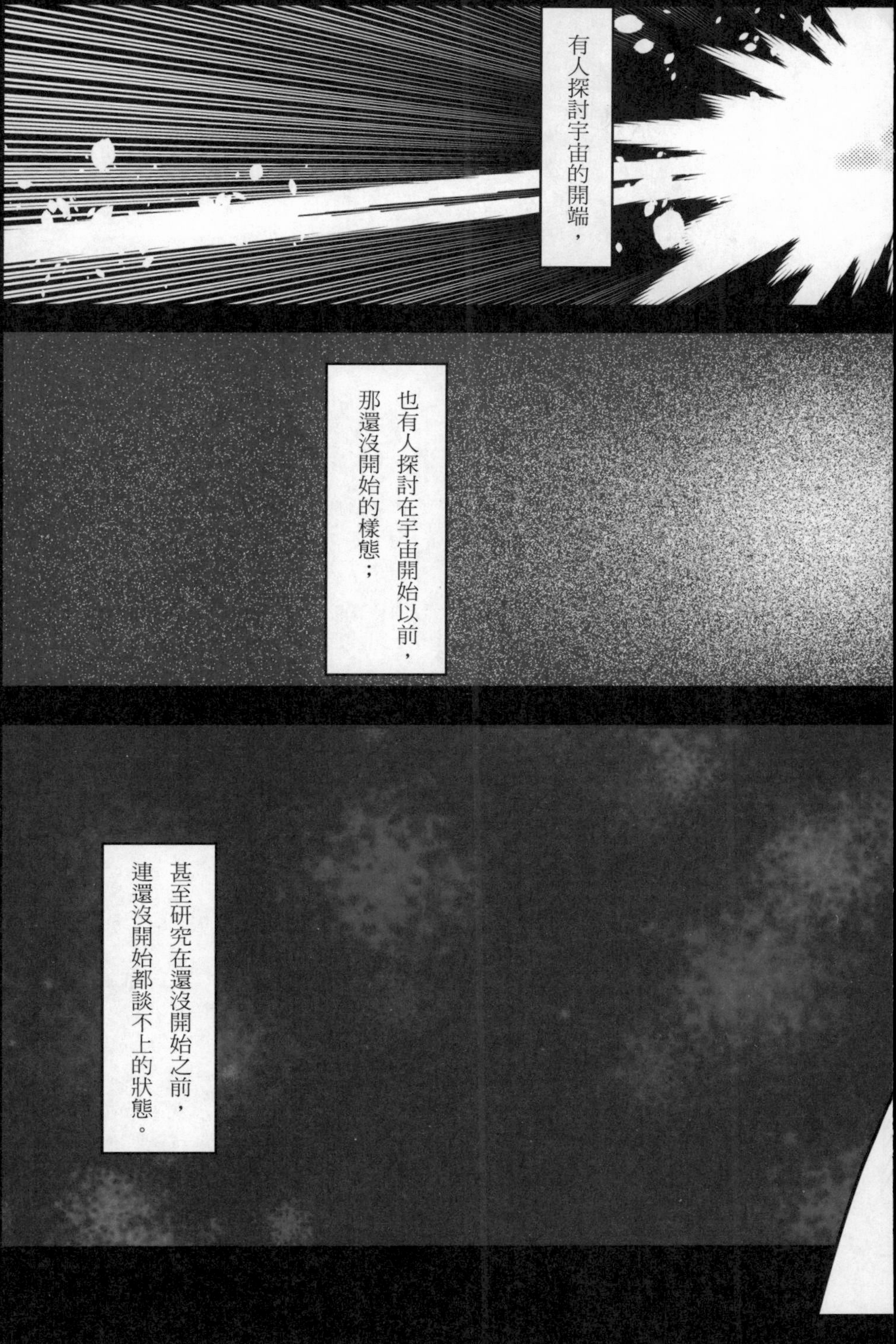
有人探討宇宙的開端，
也有人探討在宇宙開始以前，
那還沒開始的樣態；
甚至研究在還沒開始之前，
連還沒開始都談不上的狀態。

有有也者，有無也者，有未始有無也者，有未始有夫未始有無也者。

另一方面，
有人窮究萬有，

也有人探究在萬物存有以前，
那空無一物的階段，

或是探討在空無一物之前，
連「無」都不存在的狀態，

甚至討論更早於
「連『無』都不存在」之前的假說。

在這些不斷往形而上發展的研究之後，
我們忽然覺察這世間存在著「有」與「無」，

可是卻無法知道
我們認定的「有」是否真的是有，
而我們認定的「無」又是否真的是無？

俄而有、無矣，而未知有、無之果孰有孰無也。

今我則已有謂矣，而未知吾所謂之其果有謂乎？其果無謂乎？天下莫大於秋豪之末，而大山為小；

現在我已經說了話了，
卻不知道我所說的這些話，是真的有意義嗎？還是其實不說也無所謂呢？

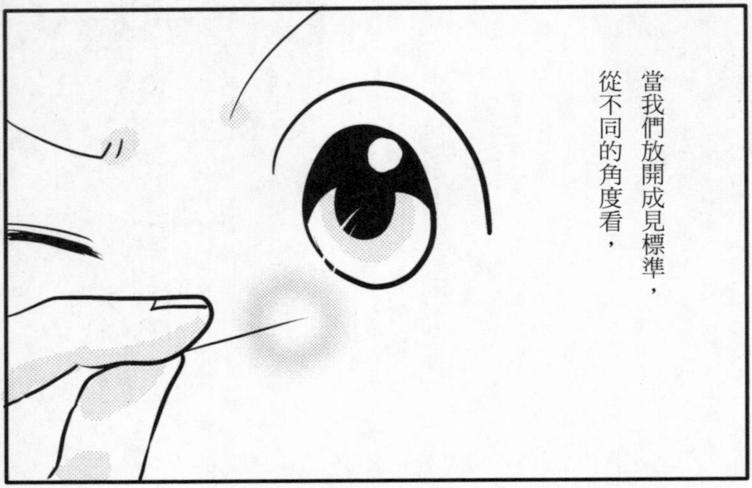
當我們放開成見標準，
從不同的角度看，

這世間可能沒有比
動物在秋天新長的細軟絨毛末端
更大的東西，

巍峨的泰山也可能是那麼渺小；

莫壽乎殤子，而彭祖為夭。天地與我並生，

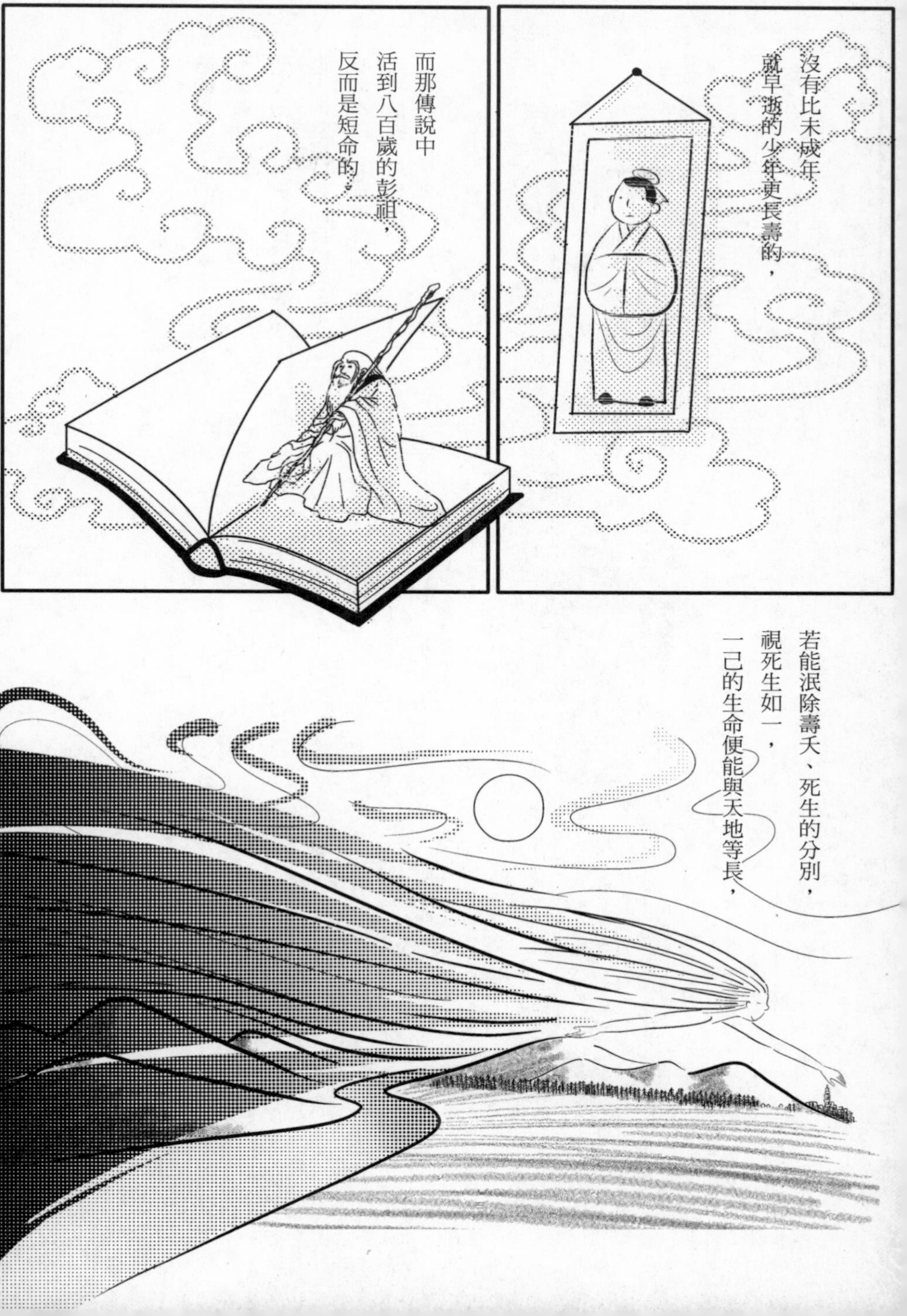
沒有比未成年就早逝的少年更長壽的，
而那傳說中活到八百歲的彭祖，反而是短命的。
若能泯除壽夭、死生的分別，視死生如一，一己的生命便能與天地等長，

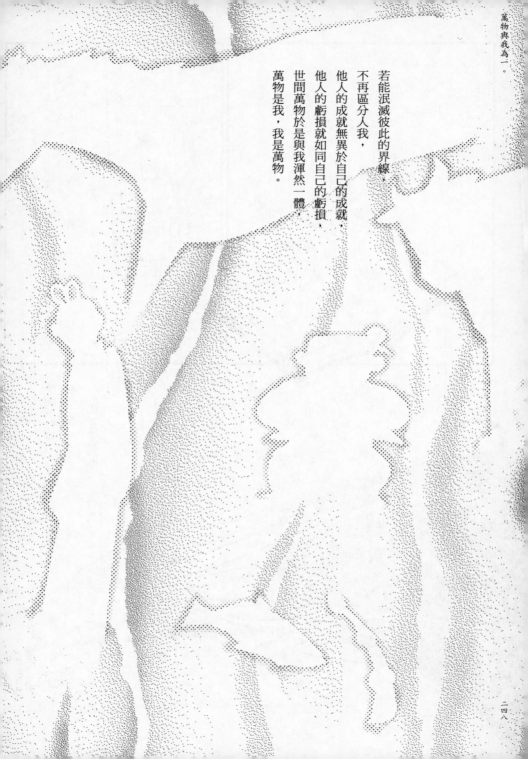

若能泯滅彼此的界線，
不再區分人我，
他人的成就無異於自己的成就，
他人的虧損就如同自己的虧損，
世間萬物於是與我渾然一體，
萬物是我，我是萬物。

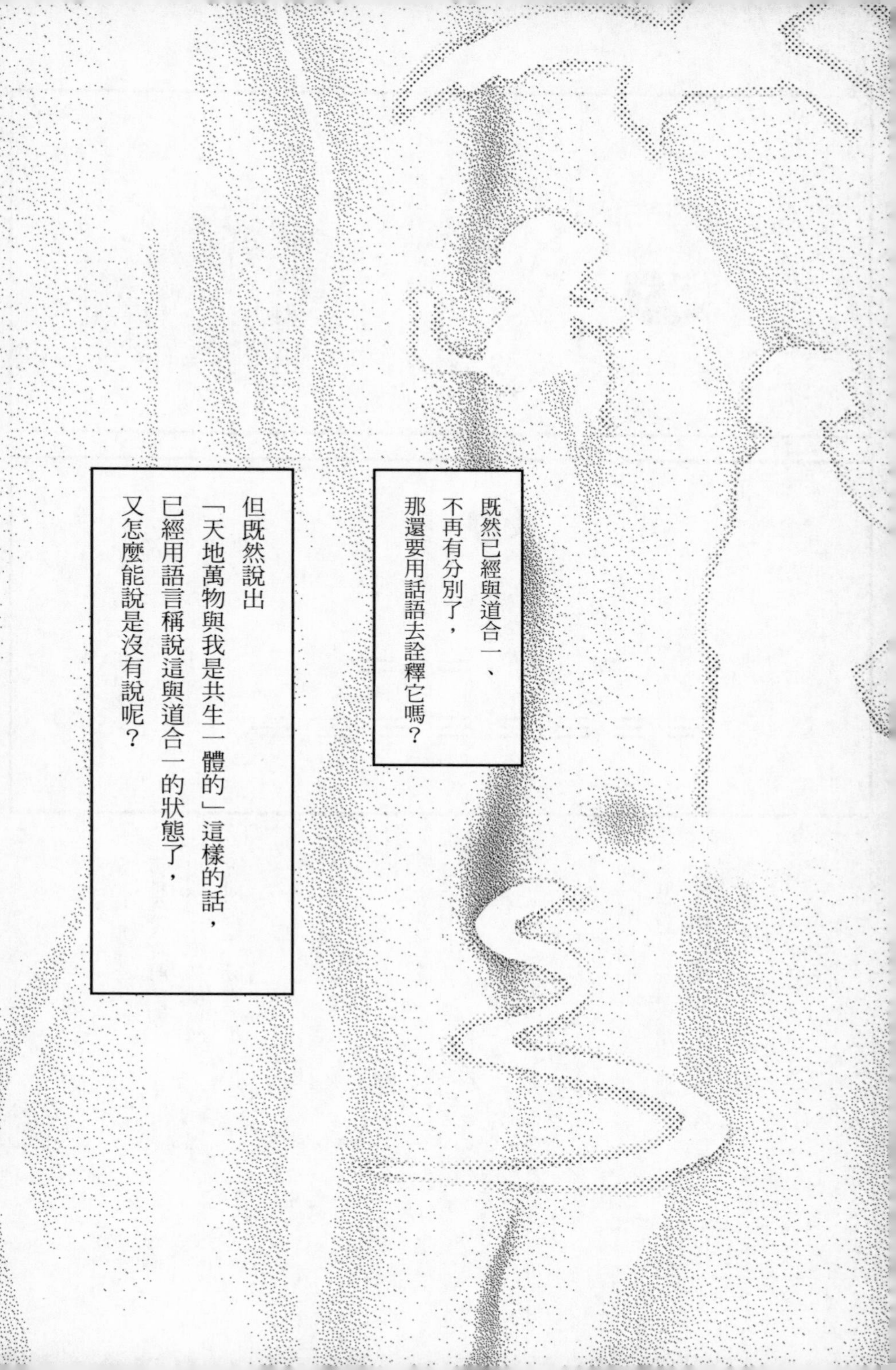
既然已經與道合一、
不再有分別了，
那還要用話語去詮釋它嗎？
但既然說出
「天地萬物與我是共生一體的」這樣的話，
已經用語言稱說這與道合一的狀態了，
又怎麼能說是沒有說呢？

既已為一矣，且得有言乎？既已謂之一矣，且得無言乎？

一與言為二，二與一為三。自此以往，巧歷不能得，而況其凡乎！故自無適有，以至於三，而況自有適有乎？

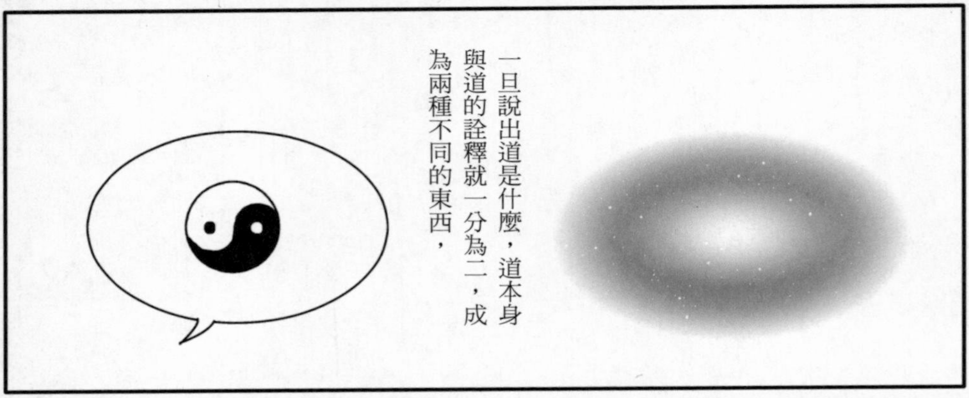
一旦說出道是什麼，道本身與道的詮釋就一分為二，成為兩種不同的東西，

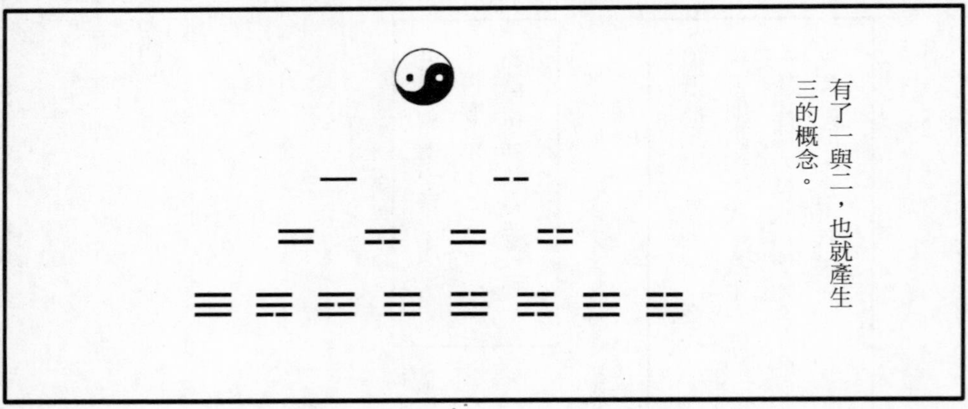
有了一與二，也就產生三的概念。

照這樣推算下去，再精通天文曆法的人，也沒辦法得知最後該推衍到哪裡，更何況是一般人呢！
從「無」到「有」，再推到「三」已經這麼複雜了，何況要從有推到千變萬化的萬有呢？

說得越多，
離道越遠。
所以不要再往前推了，
到這裡就好。

夫道未始有封，言未始有常。

一開始大道還沒有被分成各門各類，
而真理也沒有被說定。

為是而有畛也，請言其畛：

是人們開始心生分別
而劃分界線並訴諸言詞，
於是有了一切分界和區別。
請讓我來說說這些分別吧：

「有左、有右，有論、有議，有分、有辯，

有尚左、
有尚右，
有人不帶價值判斷地陳述論說、
有人評議是非指責他人，
有人將原本一體的事物區分開來、
有人憑一己之見將
事物分門別類，

有競、有爭。此之謂八德。」

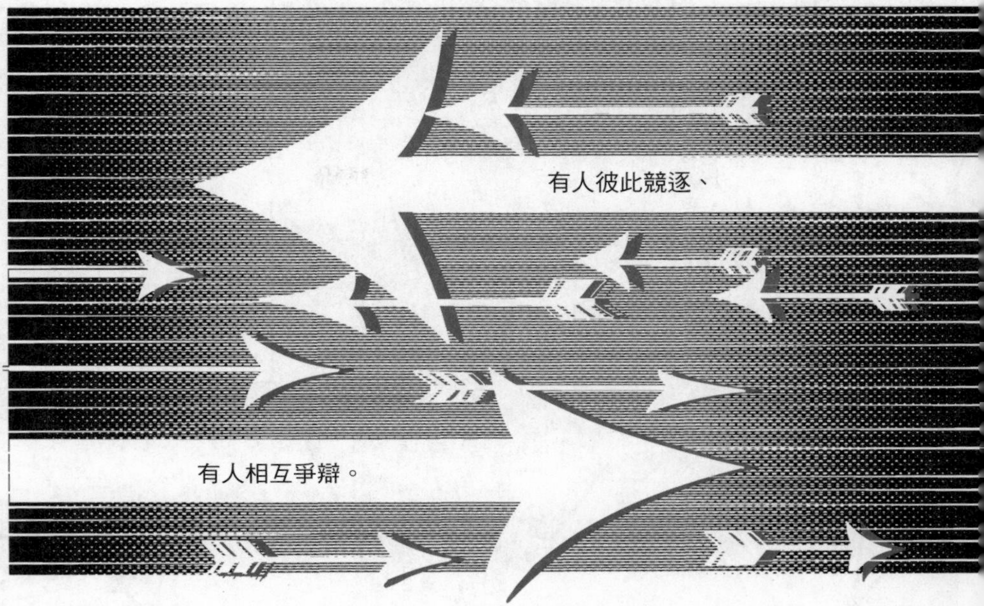
有人彼此競逐、
有人相互爭辯。

這就是所謂的『八德』。

六合之外，聖人存而不論：
我們身處在東、西、南、北、上、下這宇宙六合之中，聖人肯定這六合以外的存在，卻不加以討論。

而在這六合之中——
我們的感官可以接觸、
感知到的世界——
聖人雖以言論陳述，
但不去評議是非。
六合之內，聖人論而不議。

《春秋》經世，先王之志，聖人議而不辯。故分也者，有不分也；辯也者，有不辯也。

《春秋》這部書裡所記載的，先王治理天下的遺志，聖人繼承如是是非褒貶，而不與之爭辯。
因此天下的事分辨到最後，
一定有分辨不清楚的地方；
?
爭辯是非短長、各執一詞，
一定也有辯論不清的地方。

若要問：
這是為什麼呢？

那是因為聖人的胸懷能包容一切分別，

曰：「何也？」「聖人懷之，

眾人辯之以相示也。故曰辯也者，有不見也。」

然而一般大眾則會分別比較、加以評價，並把這樣的分別心表現在待人處事上。
所以說一旦去區分辨別、爭論是非，就會有所忽略，有自己看不見的一面。

夫大道不稱，大辯不言，
啊！最偉大的道理，
是沒辦法用言語說盡的；
……
最能服人的辯論，
是不靠言詞就教人信服；

大仁不親，大廉不嗛，大勇不忮。

最偉大的仁德，
沒有特別親厚的對象；
真正的廉潔，
未必會讓人看到謙讓的身影；
真正的勇敢，
並不是一般所見的逞兇鬥狠。

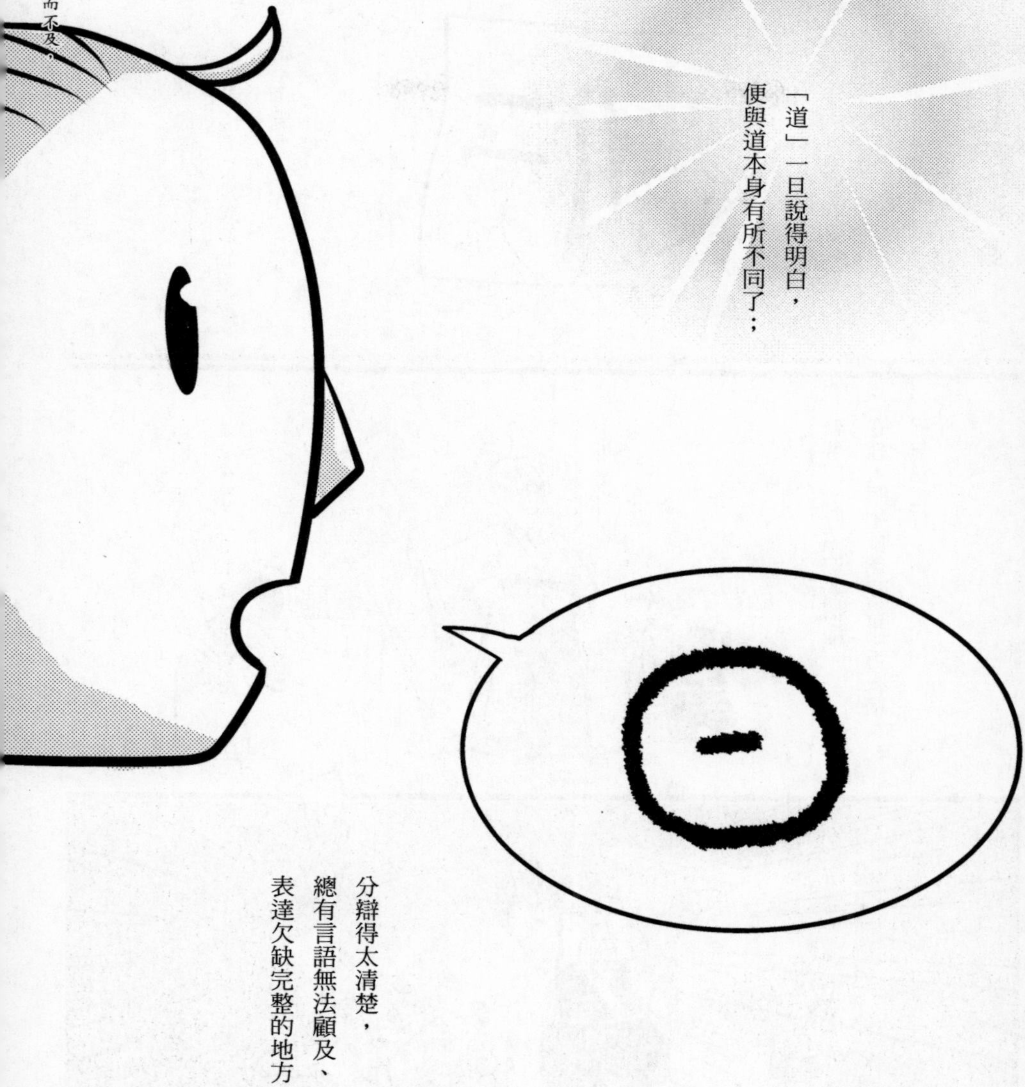

「道」一旦說得明白，
便與道本身有所不同了；

分辯得太清楚，
總有言語無法顧及、
表達欠缺完整的地方；

道昭而不道，言辯而不及。

仁常而不周，廉清而不信，勇忮而不成。

「仁」一旦被說定，
有了標準，就不再周全；
執著於一介不取的清廉，
在他人眼中反倒變得不近人情
而無法信任；
逞一時之勇無法成事。

五者园而幾向方矣。

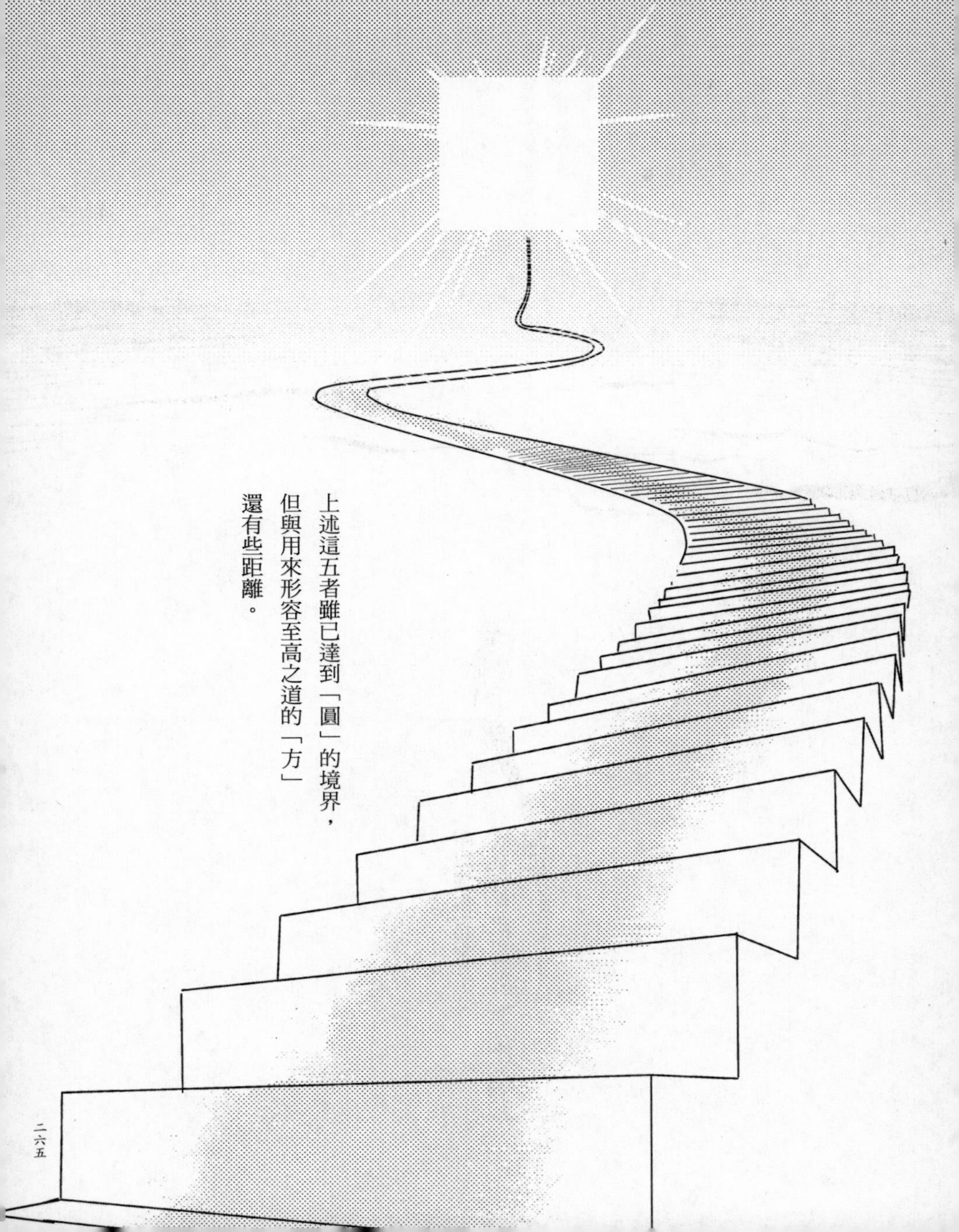

上述這五者雖已達到「圓」的境界，
但與用來形容至高之道的「方」
還有些距離。

故知止其所不知，至矣！
所以懂得在不知道、或沒有必要知道的地方停止追尋，那就達到極致了！

有誰知道
不以言詞服人的辯論是什麼呢？
誰能夠真正了解那沒有說出的大道？

如果能夠知道的話，
就是所謂的「天府」
——心靈最自然原初的樣態。

孰知不言之辯，不道之道？若有能知，此之謂天府。

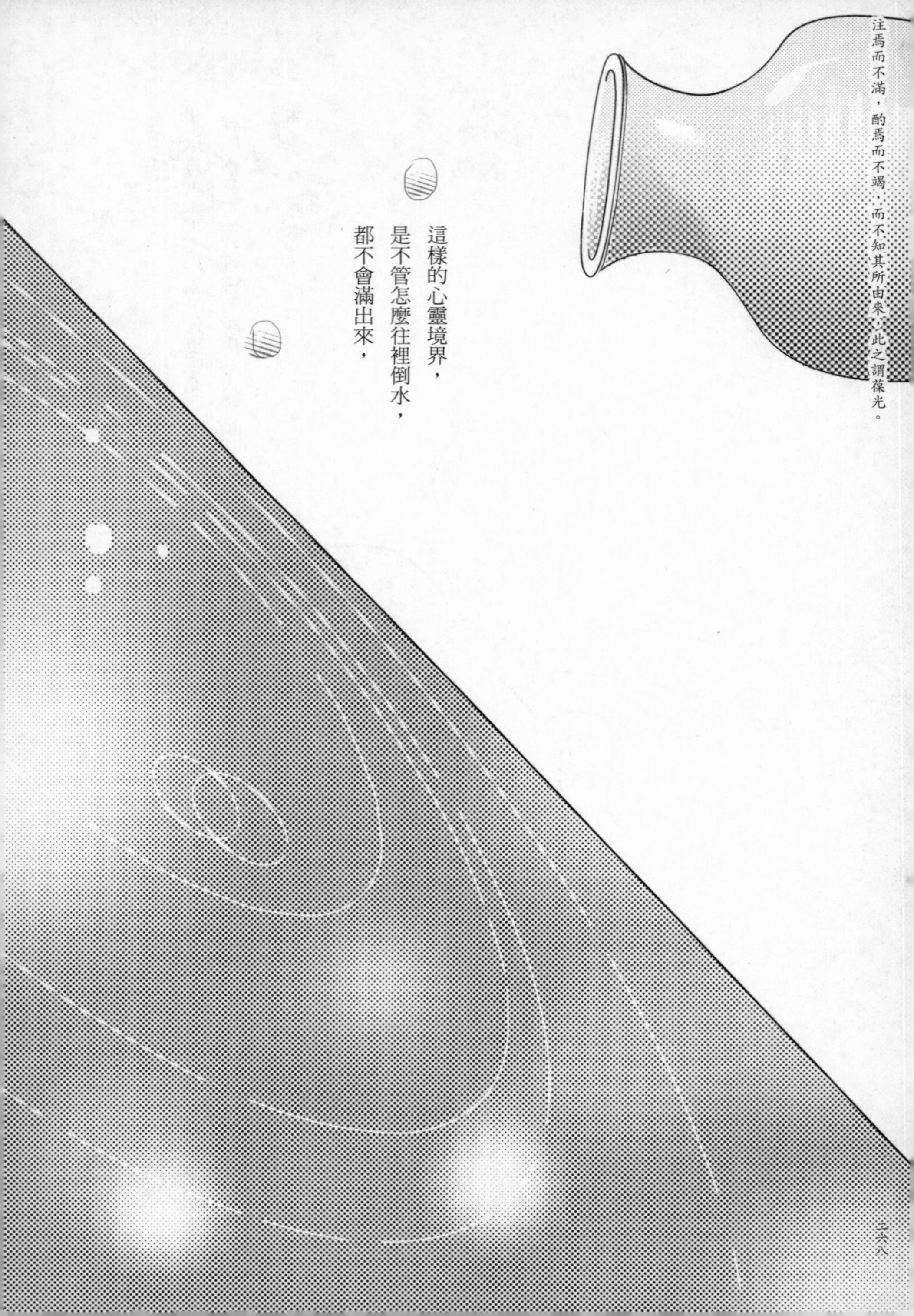
注焉而不滿，酌焉而不竭，而不知其所由來，此之謂葆光。
這樣的心靈境界，
是不管怎麼往裡倒水，
都不會滿出來，

取用的時候，
又總是不會竭盡、沒有匱乏，

卻不知道
這源源不絕的智慧是從哪裡來的，
這就是那若有似無、明亮而不耀眼的光芒。

故昔者堯問於舜曰：「我欲伐宗、膾、胥敖，南面而不釋然，其故何也？」

從前有一天，堯來問舜：
我之前一直想攻打宗、膾、胥敖這三個蠻夷小國，但當我做到了，真的坐在北方、南面稱王的時候，我並不覺得開心，這是為什麼呢？

舜曰：「夫三子者，猶存乎蓬艾之間，若不釋然，何哉？」

舜回答：
這三個小國啊！就好像安然生活在矮小的蓬蒿艾草叢中那樣的卑賤之地，你打贏了他們卻不覺得開心，這是為什麼呢？

昔者十日並出，萬物皆照，而況德之進乎日者乎！」
傳說從前天上同時高掛著十個太陽，世間萬物都沒有分別地得到陽光的照耀，太陽尚且能包容、普照萬物，何況是德性超過太陽的您呢！

問題與思考

問一、試著在你原本缺乏好感的人身上，發現一件值得欣賞、尊敬或喜歡的事。

問二、如果可以一年三百六十五天都是你最愛的春天而沒有夏秋冬、二十四小時都是你最愛的夜晚而沒有白晝，你覺得好嗎？那麼在下一次面對即將引爆的爭執，你可否像習慣黑夜與白天、像面對春夏秋冬更迭般，安然自在地接受不同觀點？

惡乎知之

齧缺問乎王倪曰：「子知物之所同，是乎？」曰：「吾惡乎知之！」「子知子之所不知邪？」曰：「吾惡乎知之！」「然則物無知邪？」曰：「吾惡乎知之！雖然，嘗試言之，庸詎知吾所謂知之非不知邪？庸詎知吾所謂不知之非知邪？且吾嘗試問乎女：『民溼寢則腰疾偏死，鰌然乎哉？木處則惴、慄、恂、懼，猨猴然乎哉？三者孰知正處？民食芻豢，麋鹿食薦，蝍且甘帶，鴟鴉耆鼠，四者孰知正味？猨猵狙以為雌，麋與鹿交，鰌與魚游。毛嬙、麗姬，人之所美也。魚見之深入，鳥見之高飛，麋鹿見之決驟，四者孰知天下之正色哉？』自我觀之，仁義之端，是非之徒，樊然殽亂，吾惡能知其辯！」齧缺曰：「子不知利害，則至人固不知利害乎？」王倪曰：「至人神矣！大澤焚而不能熱，河漢沍而不能寒，疾雷破山、飄風震海而不能驚。若然者，乘雲氣，騎日月，而遊乎四海之外。死生无變於己，而況利害之端乎！」

瞿鵲子問乎長梧子曰：「吾聞諸夫子：

『聖人不從事於務，不就利，不違害；不喜求，不緣道。无謂有謂，有謂无謂，而遊乎塵垢之外。』夫子以為孟浪之言，而我以為妙道之行也。吾子以為奚若？」

長梧子曰：「是黃帝之所聽熒也，而丘也何足以知之？且女亦大早計，見卵而求時夜，見彈而求鴞炙。予嘗為女妄言之，女以妄聽之，奚？旁日月，挾宇宙，為其脗合，置其滑涽，以隸相尊。眾人役役，聖人愚芚，參萬歲而一成純，萬物盡然，而以是相蘊。予惡乎知說生之非惑邪？予惡乎知惡死之非弱喪而不知歸者邪？麗之姬，艾封人之子也。晉國之始得之也，涕泣沾襟；及其至於王所，與王同筐牀，食芻豢，而後悔其泣也。予惡乎知夫死者不悔其始之蘄生乎！夢飲酒者旦而哭泣；夢哭泣者旦而田獵。方其夢也，不知其夢也。夢之中又占其夢，覺而後知其夢也。且有大覺，而後知此其大夢也。而愚者自以為覺，竊竊然知之。君乎，牧乎，固哉！丘也與女，皆夢也；予謂女夢，亦夢也。是其言也，其名為弔詭。萬世之後，而一遇大聖知其解者，是旦暮遇之也！」

既使我與若辯矣，若勝我，我不若勝，若果是也？我果非也邪？我勝若，若不吾勝，我果是也？而果非也邪？其或是也？其或非也邪？其俱是也？其俱非也邪？我與若不能相知也。則人固受其黮闇，吾誰使正之！使同乎若者正之？既與若同矣，惡能正之！使同乎我者正之？既同乎我矣，惡能正之！使異乎我與若者正之？既異乎我與若矣，惡能正之！使同乎我與若者正之？既同乎我與若矣，惡能正之！然則我與若與人俱不能相知也，而待彼也邪？何謂和之以天倪？曰：「是不是，然不然。是若果是也？則是之異乎不是也亦無辯；然若果然也？則然之異乎不然也亦無辯。化聲之相待。若其不相待，和之以天倪，因之以曼衍，所以窮年也。忘年、忘義，振於無竟，故寓諸無竟。」

罔兩問景曰：「曩子行，今子止；曩子坐，今子起。何其無持操與？」景曰：「吾有待而然者邪？吾所待又有待而然者邪？吾待蛇蚹蜩翼邪？惡識所以然！惡識所以不然！」

〈惡乎知之〉前言

「旦暮遇之」——挺美的四個字。年少初逢，蒼白纖弱的手指緊緊握住筆，在鉛筆盒蓋上虔誠慎重、小心翼翼地刻上，然後就像前世之約般偷偷開始守候。一閃而逝的清晨，稍縱即逝的黃昏，我竟能與你，在亙古的永恆中，擦肩而過，如此短暫相逢。

守候誰？從路的彼端瀟灑行來。

總想在對的時間，品味對的食物（「正味」），住在對的房子（「正處」），遇見對的人（「正色」）。還真反覆想過、屈指算過、仔細考量合計過，它、他、她，是、對、的，就是！

而如果不遇。如果遇而不得。如果得而發現……其實並不對。夢碎的時候，面容難掩憔悴，心也跟著碎了。這時候莊子筆下的神人竟同阿拉丁神燈的巨大精靈般，矗立眼前：

至人神矣！大澤焚而不能熱，河漢沍而不能寒，疾雷破山、飄風震海而不能驚。

請問莊子哥哥，這種火燒不了、寒凍不著，即使劈裂山脈的猛雷、動盪海嘯的巨風當前，也能處變不驚、安然面對的本事，能知道要如何修鍊的，究竟是誰？

——會是有問必答，彷彿無所不知的博學鴻儒？

——還是面對學生罄缺的提問，竟然可以四問四不知的，王倪老師？！

——二〇一五・二・六夜

貳——肆 惡乎知之

齧缺問乎王倪曰：「子知物之所同，是乎？」曰：「吾惡乎知之！」

齧缺請教他的老師王倪說：
您知道所有事物的共通之處，是嗎？
王倪回答：
我哪知道呢！

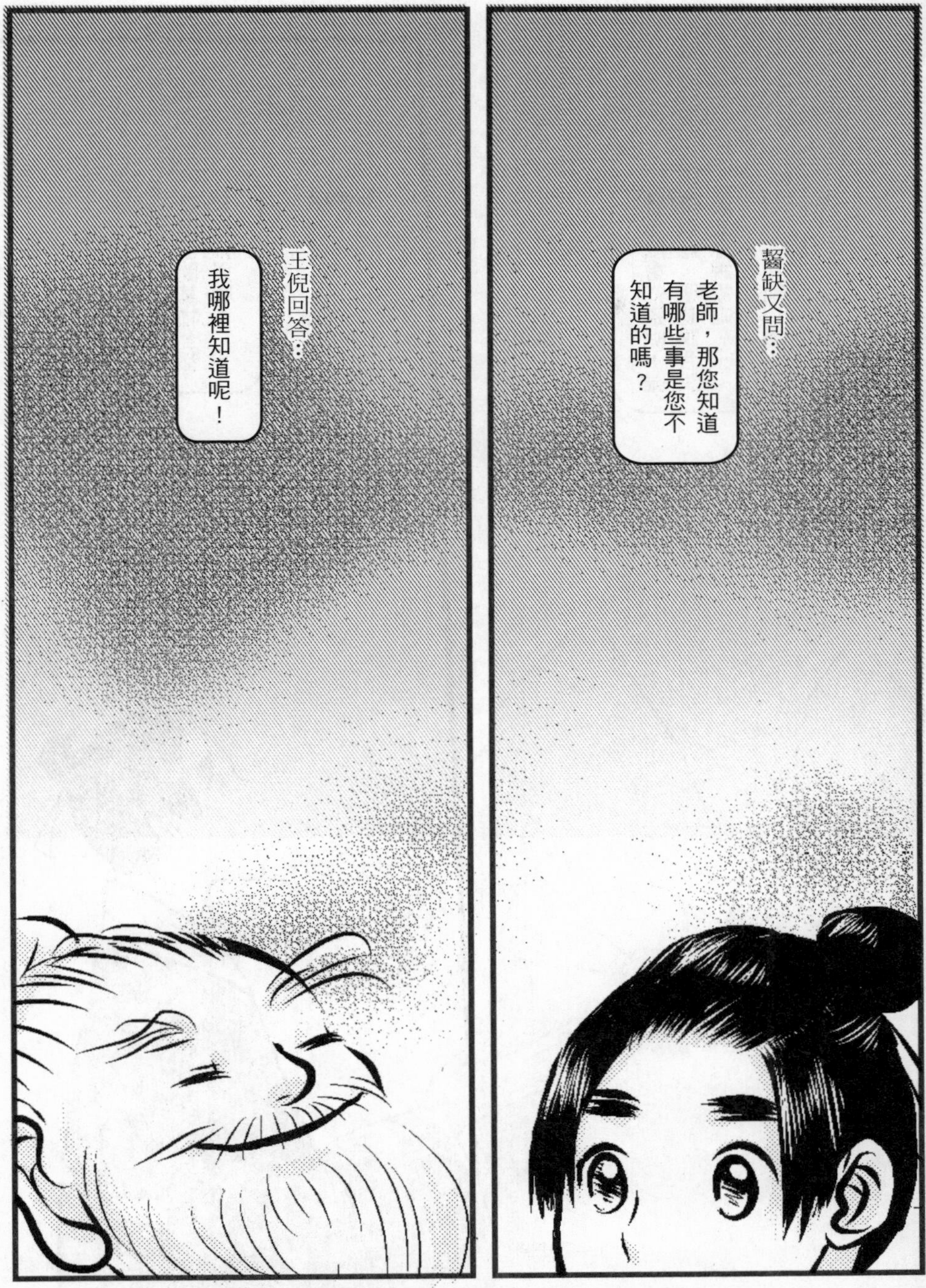
齧缺又問：
老師，那您知道有哪些事是您不知道的嗎？
王倪回答：
我哪裡知道呢！

「子知子之所不知邪？」曰：「吾惡乎知之！」

「然則物無知邪？」曰：「吾惡乎知之！雖然，嘗試言之，

齧缺追問：
難道世間萬物全都無法知道嗎？
王倪回答：
我怎麼會知道呢！雖然如此，還是讓我試著為你說說吧，

我怎麼知道我說知道的，是真的『知道』而不是『不知道』呢？
我又怎麼知道我說『不知道』的其實是『知道』呢？

庸詎知吾所謂知之非不知邪？庸詎知吾所謂不知之非知邪？

且吾嘗試問乎女：『民溼寢則腰疾偏死，鰌然乎哉？木處則惴、慄、恂、懼，猨猴然乎哉？三者孰知正處？

不然我試著問你：『人如果睡在潮溼的地方，會導致腰部不適、甚至半身不遂，但泥鰍會這樣嗎？
?
人住在高高的樹上，會害怕不安，猴子也會這樣嗎？
人、泥鰍、猴子，誰才知道哪裡是最好的居所呢？

民食芻豢，麋鹿食薦，蝍且甘帶，鴟鴉耆鼠，四者孰知正味？

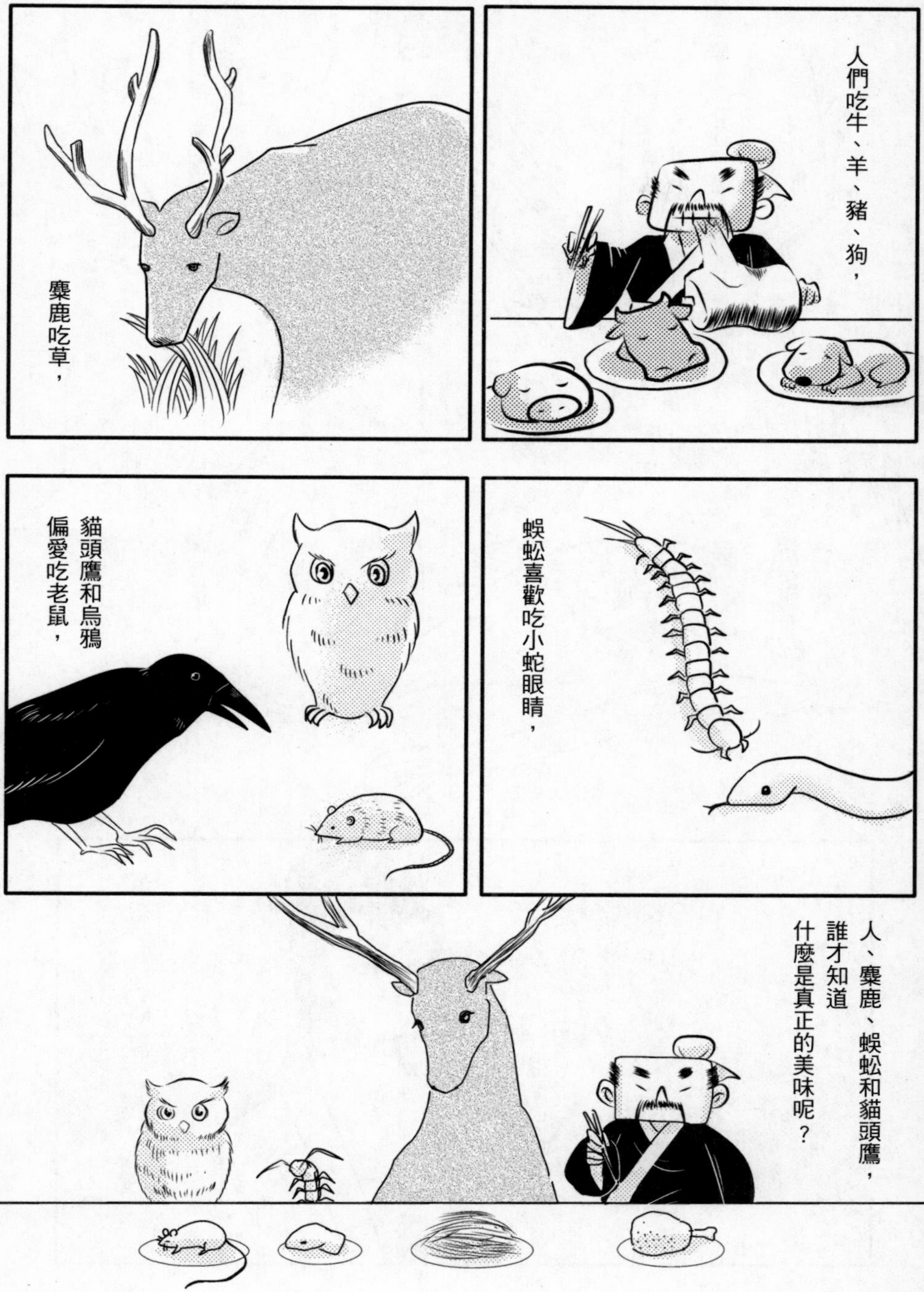
人們吃牛、羊、豬、狗，
麋鹿吃草，
蜈蚣喜歡吃小蛇眼睛，
貓頭鷹和烏鴉偏愛吃老鼠，
人、麋鹿、蜈蚣和貓頭鷹，誰才知道什麼是真正的美味呢？

猨猵狙以為雌，麋與鹿交，鰌與魚游。毛嬙、麗姬，人之所美也。

傳說長得像猿猴的猵狙
喜歡親近雌獮猴，
麋喜歡和鹿交往，
泥鰍愛跟魚兒
一同悠游。
毛嬙和麗姬
是人們心目中的絕世美女。

魚見之深入，鳥見之高飛，麋鹿見之決驟，四者孰知天下之正色哉？」自我觀之，仁義之端，是非之徒，樊然殽亂，吾惡能知其辯！」

但是魚看到她們卻覺得醜，嚇得潛入水中，
鳥一看到也害怕得高高飛走，麋鹿見著則頭也不回地飛奔跑開，
猴子、麋鹿、泥鰍和人類，誰又知道天底下什麼才是真正的絕色呢？』
在我看來，仁與義的標準、是與非的分判，是這麼紛雜混亂，我哪裡能分辨它們的對錯呢！

齧缺曰：「子不知利害，則至人固不知利害乎？」王倪曰：「至人神矣！大澤焚而不能熱，
齧缺聽了老師的回答，卻還是疑惑：
老師啊，您說您不知道什麼是利、什麼是害，那麼難道連達到最高境界的至人也不能通曉利害嗎？
王倪回答：
至人的境界多麼神妙啊！連浩渺的雲夢大澤都要燒起來的乾旱也熱不著他，

連黃河、長江都結冰的酷寒，也凍不著他，
能劈開山脈的猛烈雷霆、揚起海嘯的颶風都驚動不了他。
河漢冱而不能寒，疾雷破山、飄風震海而不能驚。

若然者，乘雲氣，騎日月，而遊乎四海之外。

達到這般境界的人，
可以乘著雲氣，
騎上日月，
遨遊於四海之外的地方。

死生无變於己，而況利害之端乎！」

死與生的巨變都能安然面對，
不過就是一個結束，
與另一個開始。
何況是區區事物的利害計較呢！

瞿鵲子問乎長梧子曰：「吾聞諸夫子：『聖人不從事於務，

瞿鵲子問長梧子：
我曾聽孔夫子說：『聖人不把世俗工作的成就當成生命中最重要的目標和追求，

不就利，不違害；不喜求，不緣道。无謂有謂，有謂无謂，

不刻意追求世俗認為的利益，
也不迴避損害；
不汲汲營營於世俗所追求的，
從不廢棄他所堅守遵循的。
有時候什麼都沒說，
卻以具體的行為道盡一切，
有時候說了很多，
卻不一定發生什麼影響，

而遊乎塵垢之外。』夫子以為孟浪之言，而我以為妙道之行也。吾子以為奚若？」

逍遙於塵垢中的世俗追求之外。』
孔子以為這些對聖人的描述，是輕率的無稽之談，
我卻認為是體悟了道之奧妙的人才能有的行為。不知道長梧子你有什麼看法呢？

長梧子曰：「是黃帝之所聽熒也，而丘也何足以知之？

長梧子回答：
這是連黃帝這樣有智慧的聖君聽了都要大惑不解的啊，孔丘又哪裡能夠明白呢？

且女亦大早計，見卵而求時夜，見彈而求鴞炙。予嘗為女妄言之，女以妄聽之，

而且你呀，
也算計得太早了，
才看到雞蛋就想得到
一隻報曉的公雞，
才看見彈弓就想打下
貓頭鷹烤來吃。
就讓我試著為你隨便說說，
你也隨意聽聽就好，

奚？旁日月，挾宇宙，

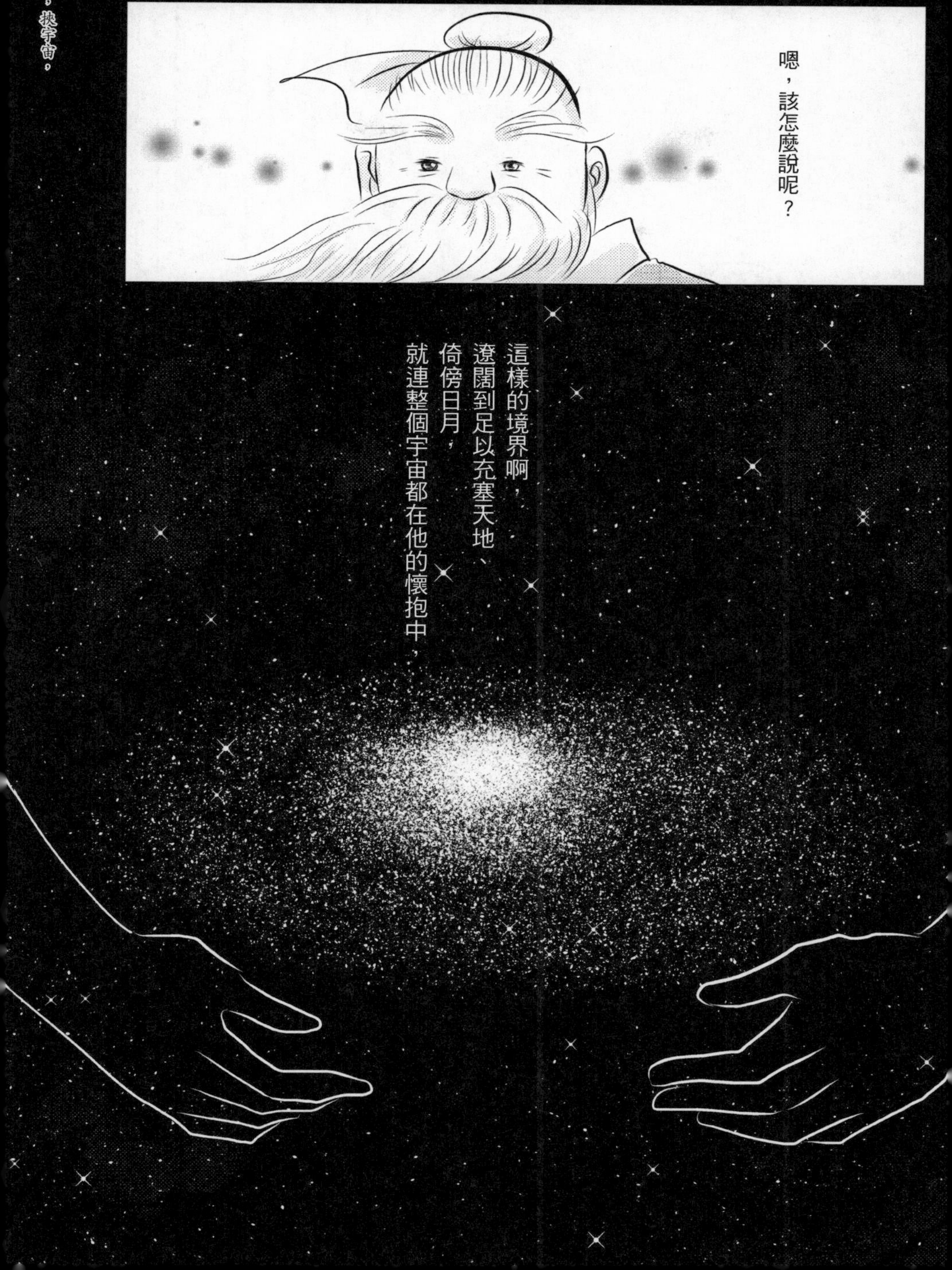
嗯，該怎麼說呢？
這樣的境界啊，
遼闊到足以充塞天地、
倚傍日月，
就連整個宇宙都在他的懷抱中，

對於人我不存分別心，
與萬物合為一體，
世間是非、
紛亂都能從心上卸下，

以隸相尊。眾人役役，聖人愚芚，

把自己當成奴僕、小廝一般，
奉獻生命、服務眾人。
一般人為了身外的追求
而庸庸碌碌、日夜勞苦，
跟眾人相比，
聖人顯得愚鈍無知，

參萬歲而一成純，萬物盡然，而以是相蘊。

卻能參透古往今來的盛衰興亡，領悟到融通為一的道理：
無論貴賤成敗，心靈與身體的陶養，才是人生最堪致力的。
用同樣的態度面對萬事萬物，在其中積蓄、長養自己的生命。

予惡乎知說生之非惑邪？予惡乎知惡死之非弱喪而不知歸者邪？

我怎麼知道「很想要活著」這件事，不是一種茫昧的迷惑？
又哪裡知道「很怕死」這件事，不是像年少時因喪亂流落他鄉的人一樣，最後還忘了有個家要回去呢？

麗之姬，艾封人之子也。晉國之始得之也，涕泣沾襟；

從前在麗戎之國
有一個美麗的女子，
她是「艾」這個地方的領導人的女兒。
晉獻公打敗了麗戎之國
剛得到她的時候，
她正因被俘虜而難過，
一把鼻涕一把眼淚，
把衣襟都哭得濕透了；

但等她來到王宮，跟晉獻公同睡一張舒適的大床，
餐餐吃著牛羊豬狗等美食珍饈，
這才後悔當初大可不必哭的。
同樣的，我怎麼知道死後的人，對於當初那麼地想要活著不會感到後悔呢？

及其至於王所，與王同筐牀，食芻豢，而後悔其泣也。予惡乎知夫死者不悔其始之蘄生乎！

夢飲酒者旦而哭泣；夢哭泣者旦而田獵。

夢中暢快喝酒的人，白天醒來後卻因生活中的悲傷而哭泣；
夢中哀傷痛哭的人，天亮醒來卻快樂地出門打獵去了。

方其夢也，不知其夢也。夢之中又占其夢，覺而後知其夢也。

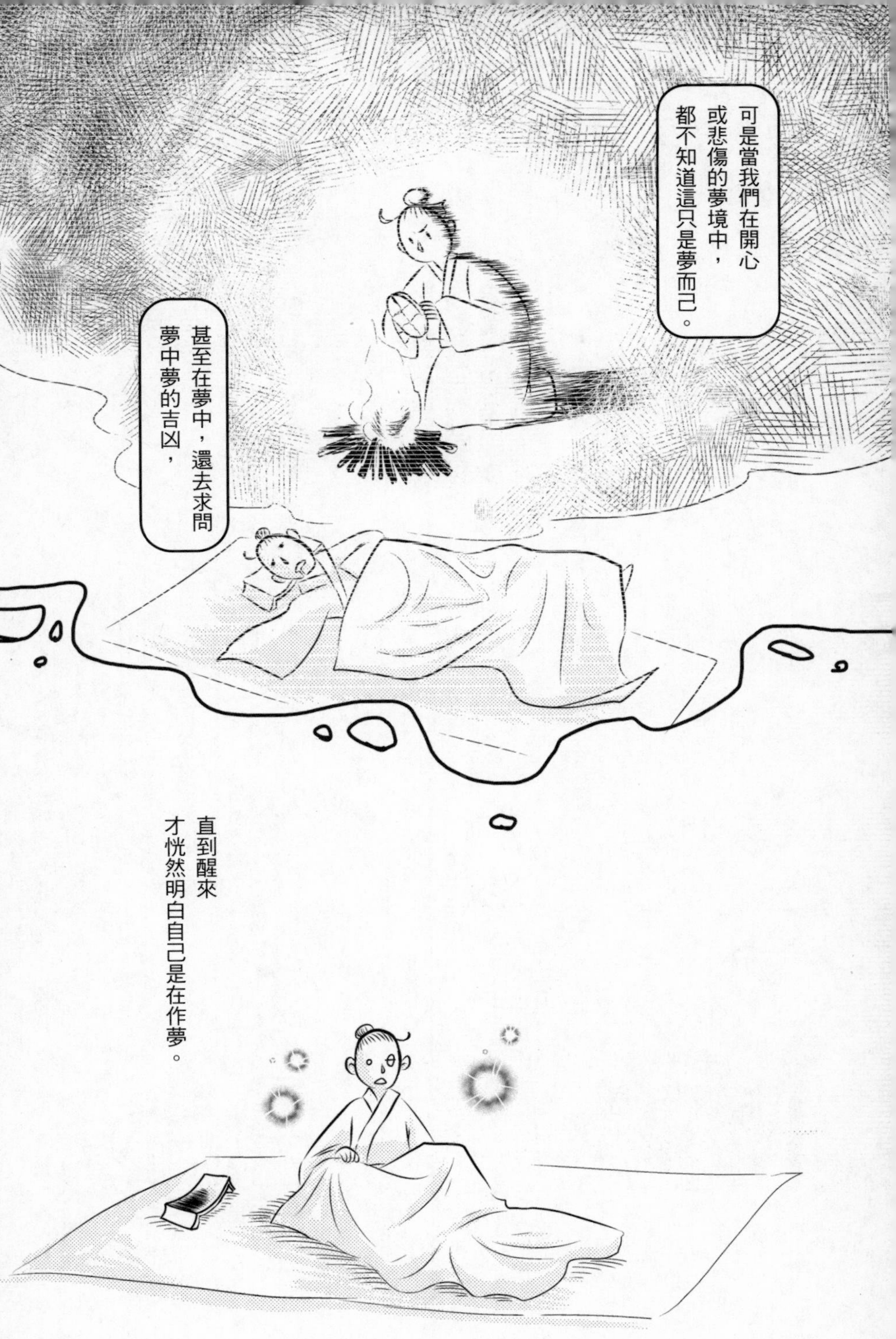
可是當我們在開心
或悲傷的夢境中，
都不知道這只是夢而已。
甚至在夢中，還去求問
夢中夢的吉凶，
直到醒來
才恍然明白自己是在作夢。

且有大覺，而後知此其大夢也。

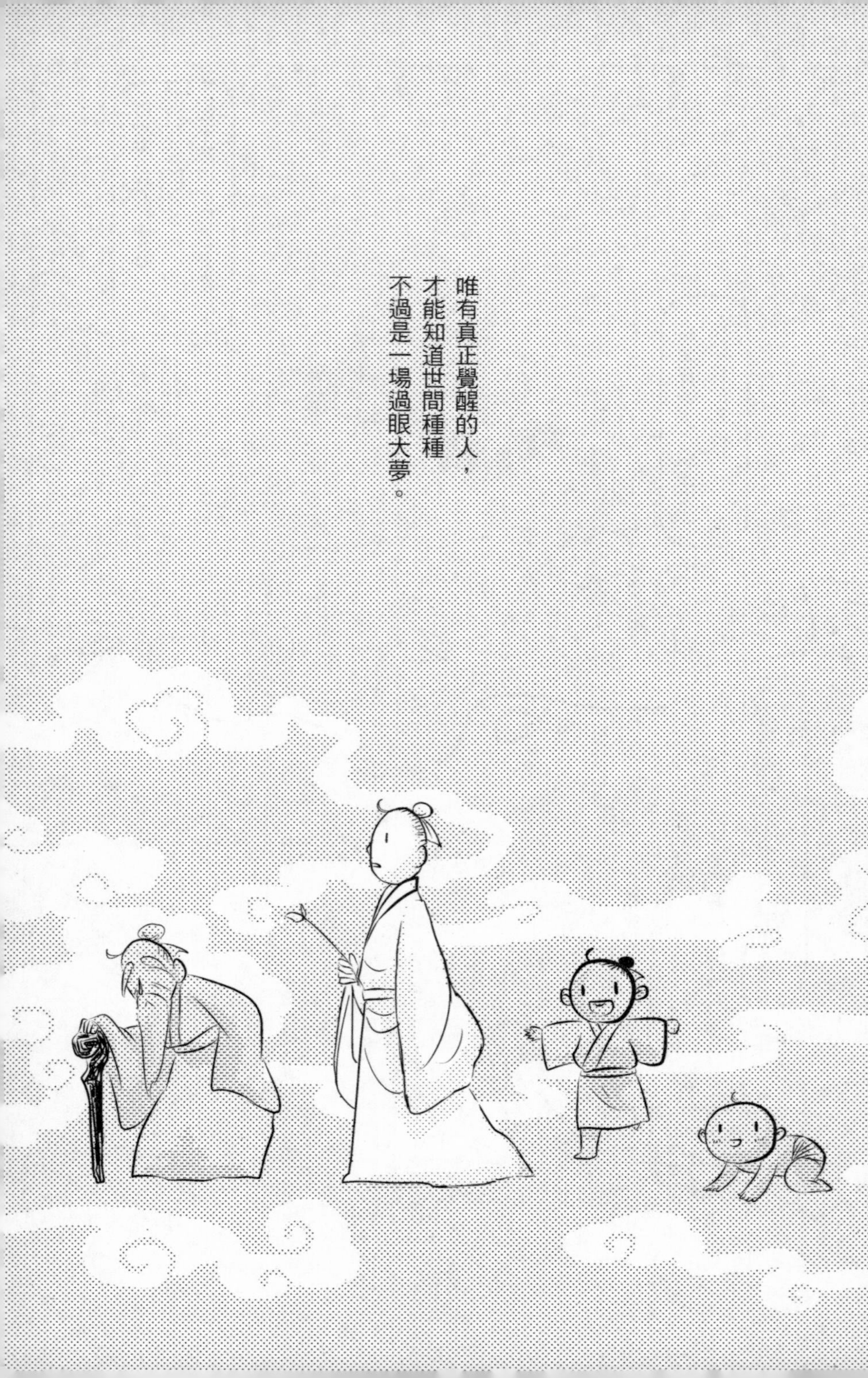
唯有真正覺醒的人，
才能知道世間種種
不過是一場過眼大夢。

而愚者自以為覺，竊竊然知之。君乎，牧乎，固哉！

有些傻子卻自以為清醒，
細聲地嚷嚷著，
自認對一切都很清楚地
知曉。
覺得當君王很尊貴，
牧養牛馬很卑賤，
這都是淺陋的見識啊！

丘也與女，皆夢也；

在我看來，那些關於聖人的描述，無論認為是輕率無稽之談的孔丘，或主張是體悟了奧妙道理才有的行為的瞿鵲子你，其實都身在夢中；

予謂女夢，亦夢也。

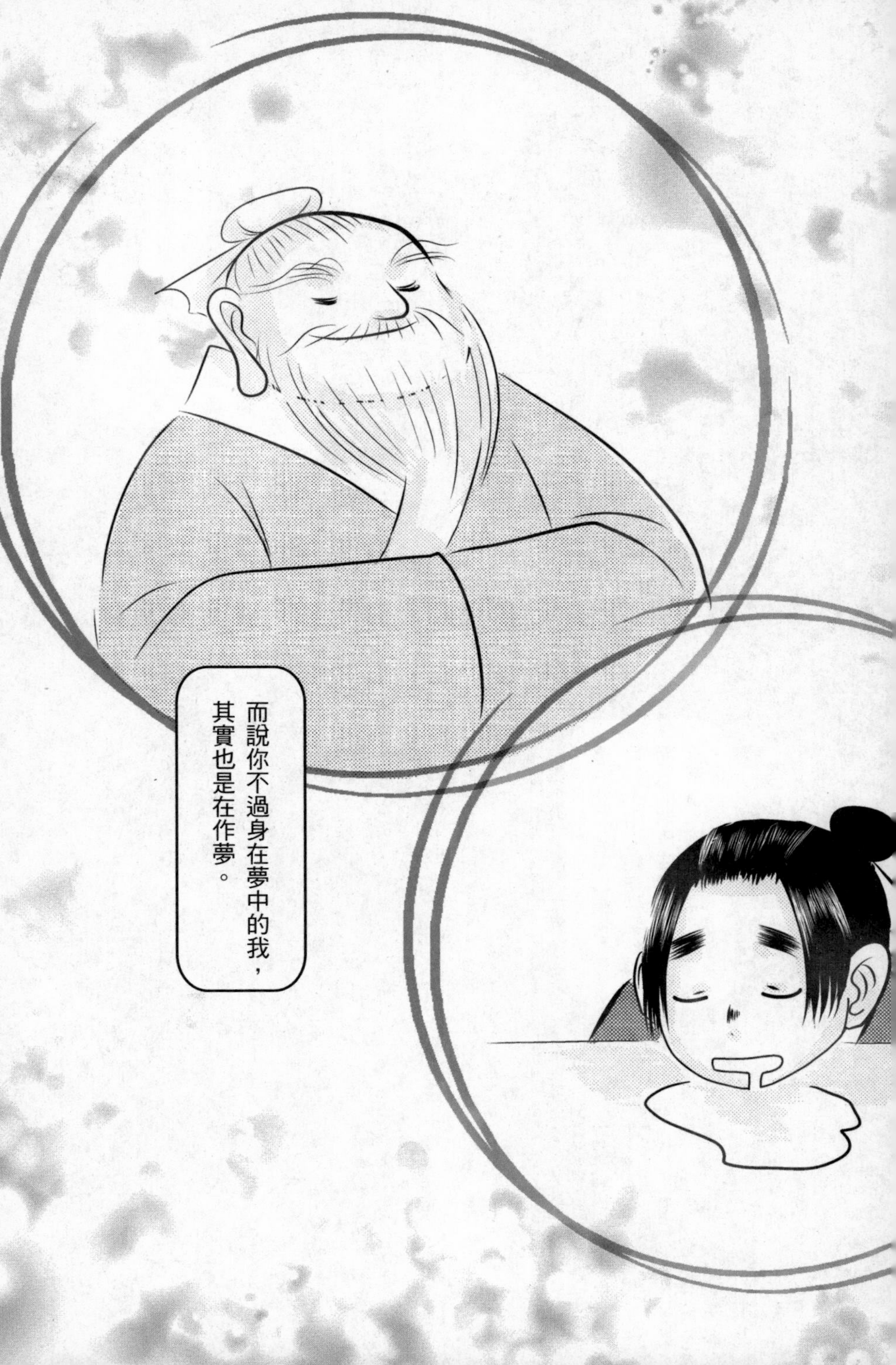
而說你不過身在夢中的我，
其實也是在作夢。

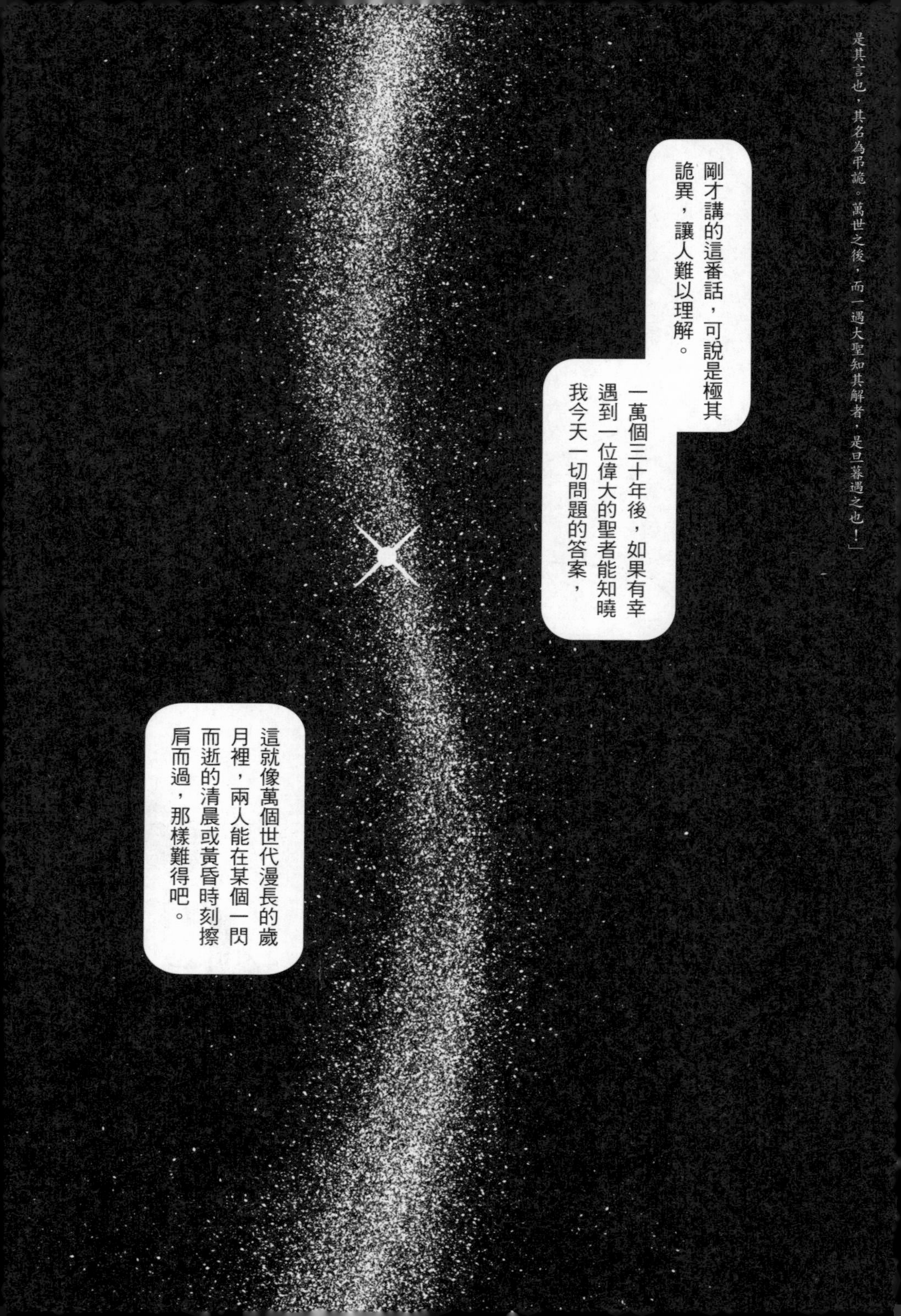
是其言也，其名為弔詭。萬世之後，而一遇大聖知其解者，是旦暮遇之也！」
剛才講的這番話，可說是極其詭異，讓人難以理解。
一萬個三十年後，如果有幸遇到一位偉大的聖者能知曉我今天一切問題的答案，
這就像萬個世代漫長的歲月裡，兩人能在某個一閃而逝的清晨或黃昏時刻擦肩而過，那樣難得吧。

既使我與若辯矣，若勝我，我不若勝，若果是也？我果非也邪？我勝若，若不吾勝，我果是也？而果非也邪？

即使我們來辯論好了，你辯贏了我，我辯不過你，
那麼你就真的是對的嗎？而我就真的是錯的嗎？

反過來說，我贏了你，而你辯不過我，我就一定是對的嗎？你就一定是錯的嗎？

其或是也？其或非也邪？其俱是也？其俱非也邪？

還是我們兩個其中一個是對的？其中一個是錯的？
還是我們都是對的呢？
又或者我們其實都錯了？

我與若不能相知也。則人固受其黮闇，吾誰使正之！

看來只有你我兩人是不能明白的。
但人本來就都是有所偏蔽而茫昧不明的啊，
還是可以找個誰來仲裁我們的是非曲直呢？

使同乎若者正之？既與若同矣，惡能正之！使同乎我者正之？既同乎我矣，惡能正之！

讓觀點與你相同的人來裁定吧！
既然意見都與你相同了，
又怎麼能公正判斷呢！
換一個跟我意見相同的人來評判怎麼樣？
既然意見都跟我相同了，
又怎麼能中立呢？

那不然，乾脆找個跟你我意見都不同的人來仲裁好了！
可既然意見都跟我們不同了，找他來不是多生事端嗎？怎麼有辦法幫我們排難解紛呢！
再不然，請一個既能贊成我也能贊同你的人來總行了吧？
但是你、我的主張他都能接受，又怎麼能在你、我之間做出仲裁呢！

使異乎我與若者正之？既異乎我與若矣，惡能正之！使同乎我與若者正之？既同乎我與若矣，惡能正之！

然則我與若與人俱不能相知也，而待彼也邪？

唉，這樣說來，
我跟你還有這找來的第三人，
都不能知道究竟誰對誰錯，
難道還期待第四個人能知道嗎？

什麼叫做以自然的分際調和各執一詞的兩端呢？
這麼說吧：
能從『不是』中見到其『是』，從『不然』之中也能見到其所以『然』的道理。
何謂和之以天倪？曰：「是不是，然不然。

是若果是也？則是之異乎不是也亦無辯；然若果然也？則然之異乎不然也亦無辯。

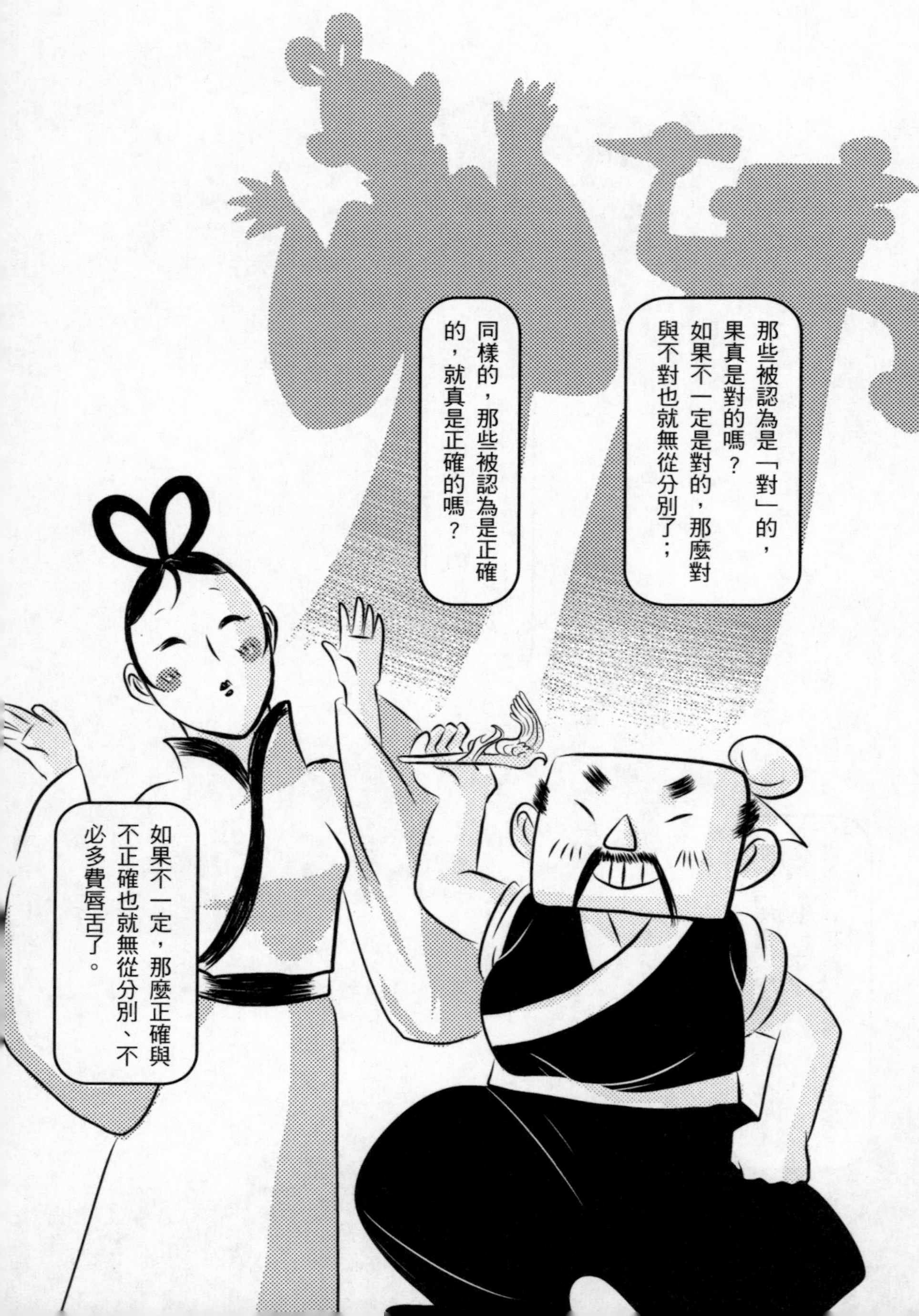
那些被認為是「對」的，果真是對的嗎？如果不一定是對的，那麼對與不對也就無從分別了；
同樣的，那些被認為是正確的，就真是正確的嗎？
如果不一定，那麼正確與不正確也就無從分別、不必多費唇舌了。

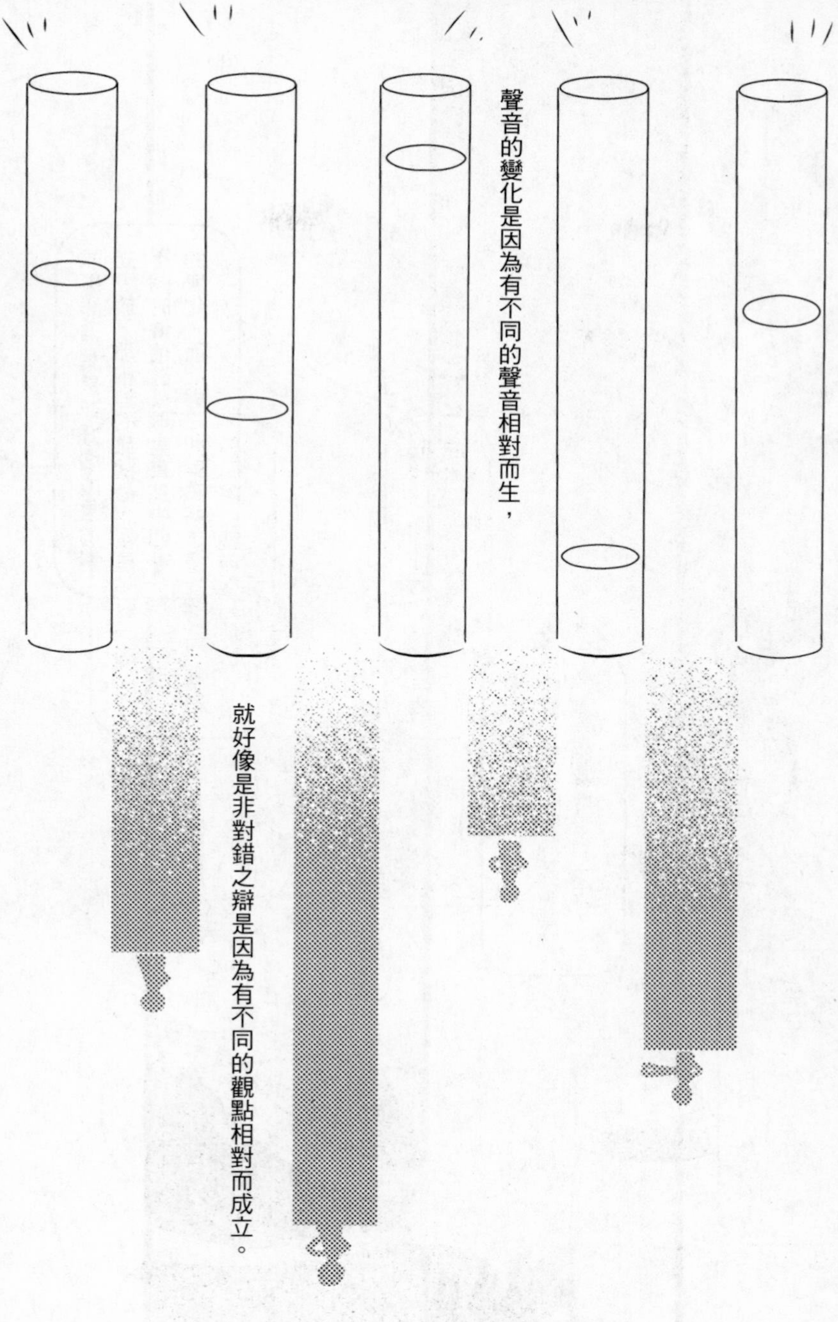

聲音的變化是因為有不同的聲音相對而生，

就好像是非對錯之辯是因為有不同的觀點相對而成立。

化聲之相待。

若其不相待，和之以天倪，因之以曼衍，所以窮年也。
如果能消弭是非好壞成見的對立，放下那相對的分別心，了解不同的價值觀就像大自然中四季的變化，而能與之和諧相處，
秉持這種態度順應、包容、體諒萬事萬物，就這麼悠遊地走過一生。

忘年忘義，振於無竟，故寓諸無竟。」

如此，我們就能忘掉、
不再執著年歲壽夭，
放下對是非好壞的執著，

停止對外物的追逐
而專注於一般人看不見的地方——
投注於修養內在的心靈，
將全部的生命寄託於此。

有一個故事是這樣的。
影子的影子問影子說：

「曩子行，今子止；曩子坐，今子起。何其無持操與？」

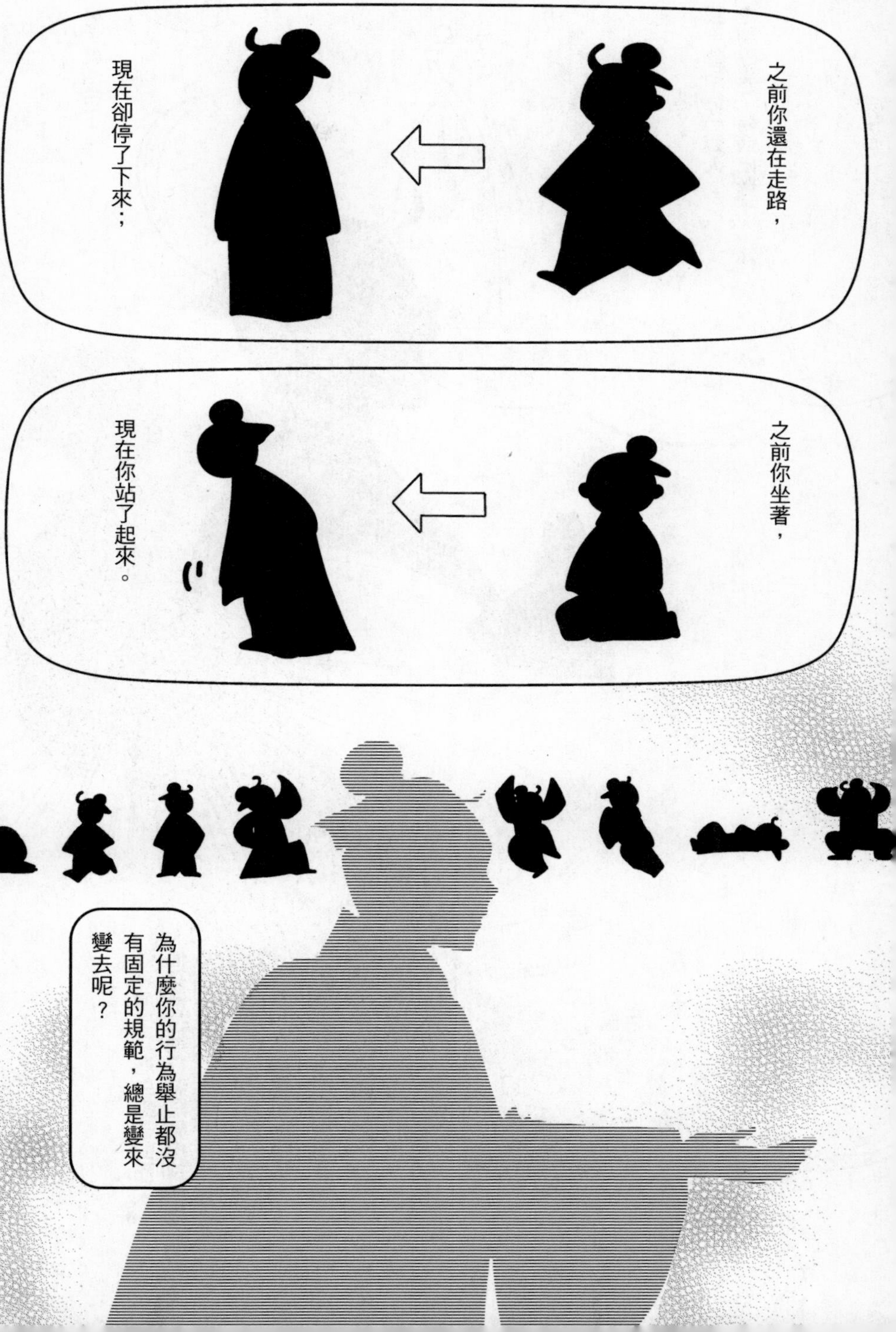
之前你還在走路，
現在卻停了下來；
之前你坐著，
現在你站了起來。
為什麼你的行為舉止都沒有固定的規範，總是變來變去呢？

景曰：「吾有待而然者邪？吾所待又有待而然者邪？

影子就回答了：
我可曾期待一個人
走到陽光下製造出影子？
而我所憑藉產生影子的那人，
他又可曾期待著陽光出現或燈
火點亮？

吾待蛇蚹蜩翼邪？惡識所以然！惡識所以不然！」

問題與思考

問一、過去的日子裡，有什麼是你長久堅持或持續投入的？可曾留意所堅持、投入之事的進展，是如何影響著你的心身能力？是同步進展或此長彼消？

問二、你習慣用什麼樣的態度面對變局，忿怒、悲哀或抑鬱煩惱？你可發現莊子筆下達到生命理想典範的至人，是用何等態度面對——是不信春風喚不回的聲嘶力竭、勉力為之？還是時時刻刻致力保持處變不驚、順其自然？你覺得哪種態度較容易心平氣和、保身全生？

莊周夢蝶

昔者莊周夢為胡蝶，栩栩然胡蝶也，自愉適志與，不知周也。俄然覺，則蘧蘧然周也。不知周之夢為胡蝶與！胡蝶之夢為周與！周與胡蝶，則必有分矣。此之謂物化。

〈莊周夢蝶〉前言

每個朝暮鏡前自照，鏡子照見的果真是我嗎？還是「畢竟總成空」的鏡花水月？

果真是我——那為何古往今來數以兆計、分明是我之「我」，無一能夠久留？

倘若非我——那「我」入土為安後，可還有不可視、不可觸、卻依然不滅之「吾」在何處羈遊？

在發想何為「自我」的生命課題前，這個問題可以被覆蓋、被遮蔽，可以是完全不存在的。

於是，可以驕矜地扮演著富貴雙全的角色；可以惆悵怨歎於永難翻身的貧病交迫。可以在后羿的箭靶中行走，小心翼翼如莊周；也可以逍遙自得，活像隻終日翩翩飛舞的彩蝶。

那蝶之前呢？蝶之後呢？

那莊周生前、莊周死後呢？

甚麼是我？——莊子打開自問之盒，生命從此不再為借用一世的形體，所範限了。

——二〇一五．二．六夜

貳——伍

莊周夢蝶

一天夜裡，
莊周夢見自己是隻蝴蝶，
一隻翩翩飛舞、快樂逍遙的蝴蝶，

昔者莊周夢為胡蝶，栩栩然胡蝶也，

是如此順應自己的心意
而感到非常開心，

不知道
莊周是誰呀？
自愉適志與，不知周也。

不一會兒當他醒來，

卻明明是那個在滾滾紅塵中遭逢種種驚險、
須小心翼翼才能保全自己的莊周。

俄然覺，則蘧蘧然周也。

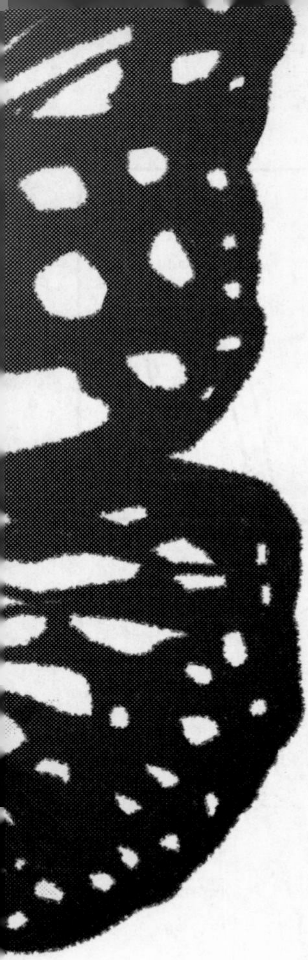

不知道到底是莊周在夢中變成了蝴蝶？

還是其實我是蝴蝶，
只是今晚碰巧夢見自己是個名喚莊周的人呢？

周與胡蝶，則必有分矣。此之謂物化。
覺得莊周與蝴蝶必然不同、有所分別，
這便是所謂的「物化」。
如此把生命視為物體，
而以事物的死生為終始
去看待本是整體而連續的生命，
那麼隨著物體的衰毀消亡，
此生的結束便被認為是徹底地結束了。

問題與思考

問一、在搶購熱門商品的等候行列裏，在升降旗的矩陣集合中，在整齊劃一的行軍隊伍裏，或只是晨起梳妝對鏡，可曾自問：「我是誰？」

問二、他是誰？——你習慣怎麼對待他、怎麼與他互動？如果他的性別、容貌、職業、專長或頭銜迥異，不變的只有心智、個性和感情，你的對待會因此而有所不同嗎？

three

參

養生主

生也有涯

吾生也有涯，而知也无涯，以有涯隨无涯，殆已。已而為知者，殆而已矣。為善无近名，為惡无近刑，緣督以為經。可以保身，可以全生，可以養親，可以盡年。

〈生也有涯〉前言

我們都是這個世界一定會凋謝的風景。才一定得在凋謝之前，抽芽，培苗，固本，開花，實現有限一生的無窮意義。

這意義理當不是躺在旅店抽屜裏、一本存摺上標誌的天文數字。也不該只是用短小草木一生的高度去掙來——好比高階主管、高學歷、高獲利等——一張植物園裏昭告世人品種、資質的標示牌，藉此滿足羈留人世的光榮與存在感。好像也不該只是找到一棵對眼的它，就此交枝纏抱。

是植物自身，是生命本身。

在享有陽光、空氣、水，被寒暑、風雨、晦明陶養淬礪的旅程中，日、月、年，益見茁壯。

樹身打得更直、長得更高的時候，便能瞭望更遠的世界、更契近樹頂的天空。

日不見增，月見所長。

不知不覺間，濃密的樹蔭已庇蔭周邊由近而遠，好多好多的草木、生物了。

——二〇一五．二．六夜

吾生也有涯，

參——壹

生也有涯

我們生命的長度和天生的稟賦都是如此有限，

而知也无涯，

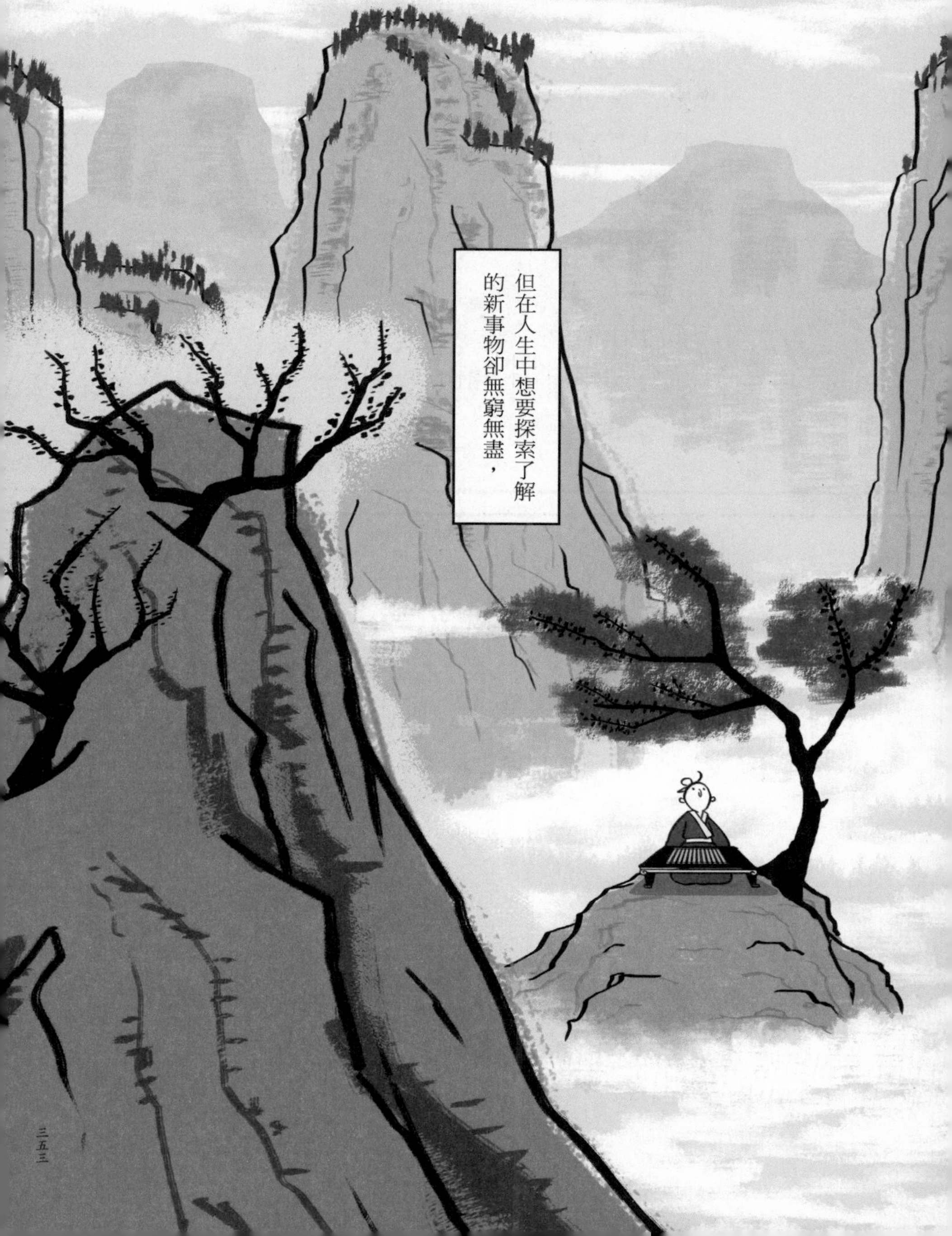
但在人生中想要探索了解的新事物卻無窮無盡，

以有涯隨无涯，殆已。
用這麼有限的生命
去追隨那沒有限度的探索，
只會追得疲累不堪。

已而為知者，殆而已矣。

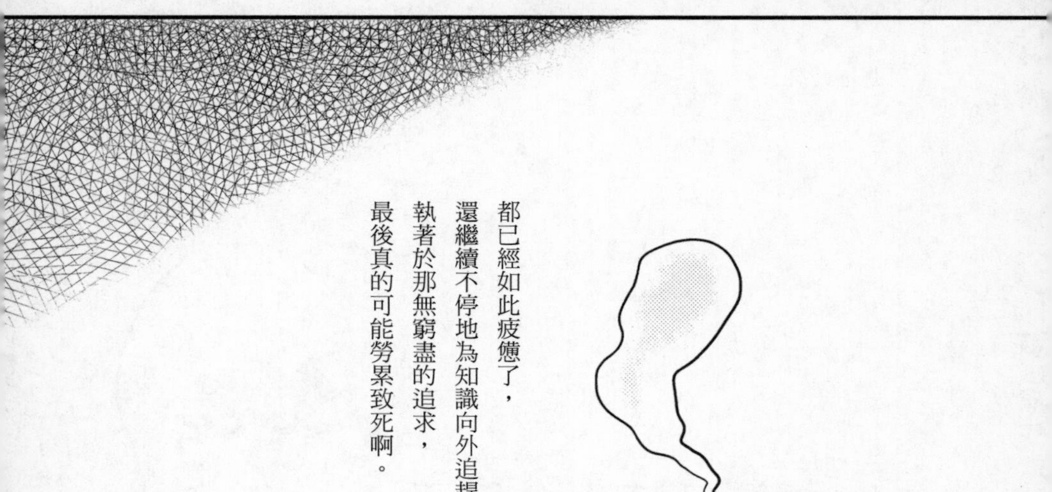
都已經如此疲憊了，
還繼續不停地為知識向外追趕，
執著於那無窮盡的追求，
最後真的可能勞累致死啊。

那麼該如何做呢？

善无近名，為惡无近刑，

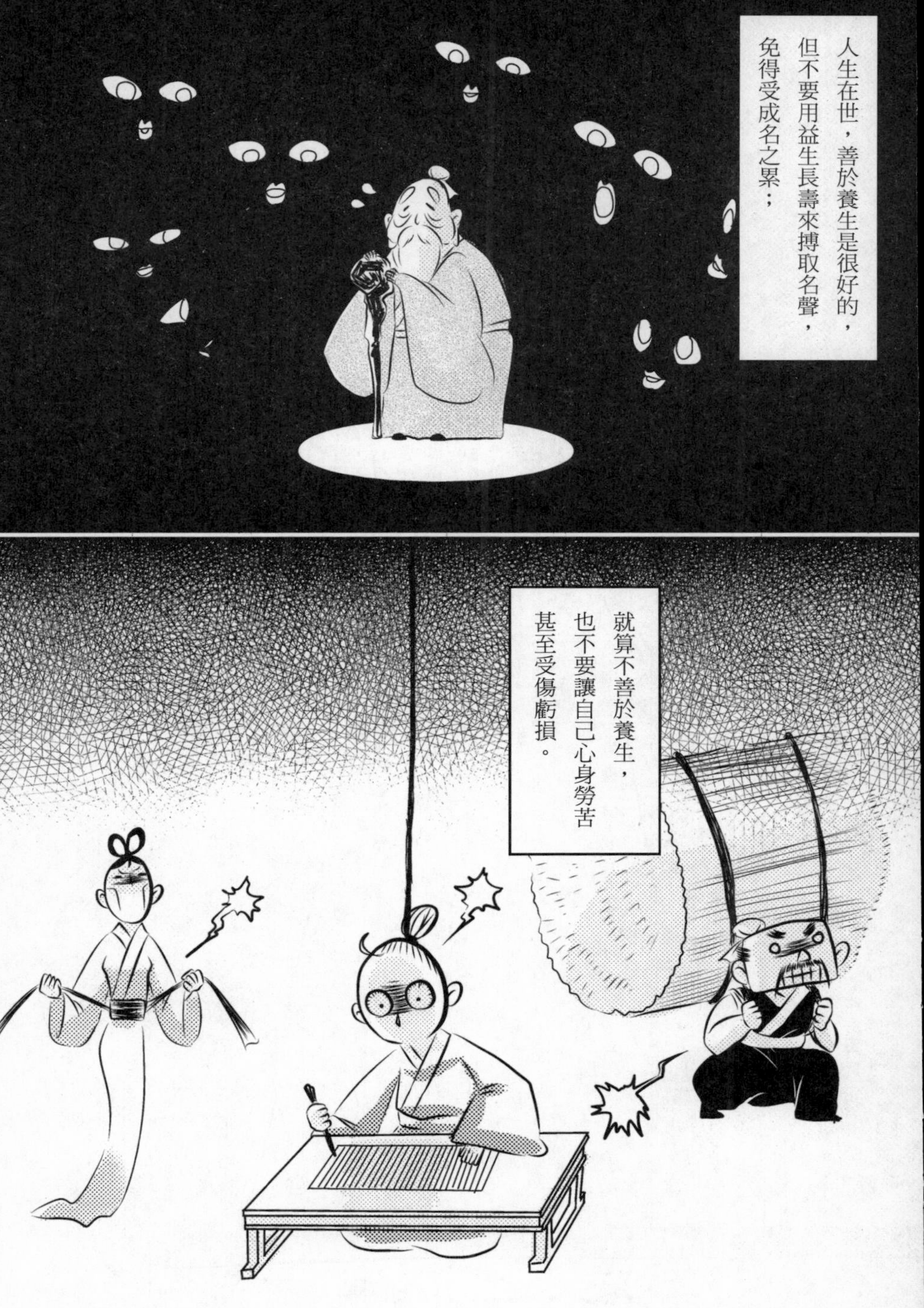
人生在世，善於養生是很好的，但不要用益生長壽來搏取名聲，免得受成名之累；
就算不善於養生，也不要讓自己心身勞苦甚至受傷虧損。

只需將人人與生俱來的「身體中心線」，
也就是背部沿著脊椎上行的「督脈」，
作為日常行、住、坐、臥的準繩，
清醒時刻隨時保持這條線的筆
直，不駝背、不彎腰、不側傾
地生活著，這就夠了。

可以保身，可以全生，

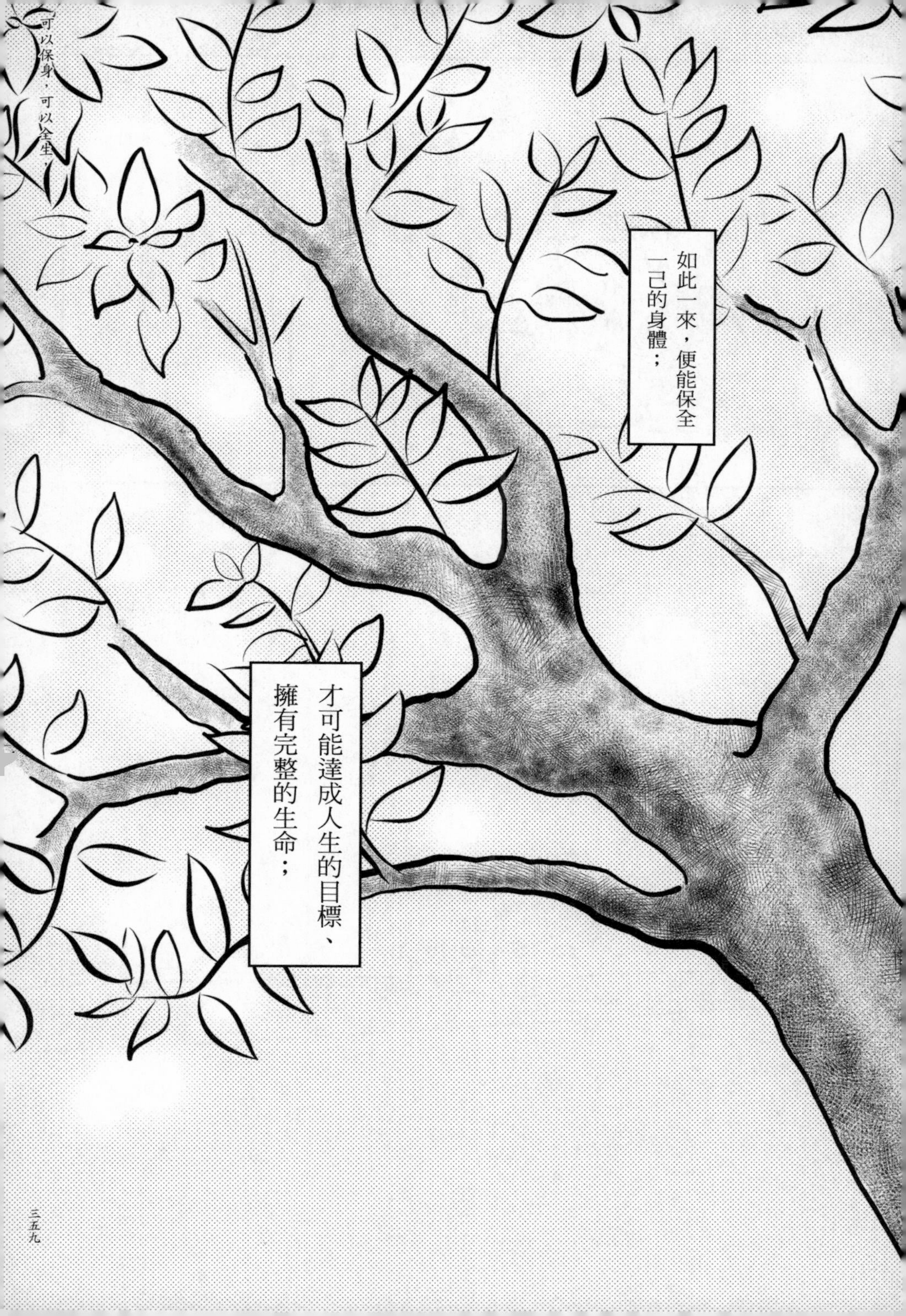
如此一來，便能保全
一己的身體；
才可能達成人生的目標、
擁有完整的生命；

也才可能好好地奉養雙親，
報答父母的恩情；
然後好好地活完自然的年壽，
善盡有生之年所遭逢的
一切緣分與際遇。

問題與思考

問一、如果可以選擇，你會想具備以下何等身心情狀？

①到死保有全身官能、臟器，無使殘缺；

②並具備能達成人生核心目標的體能；

③且無論親人安康、貧病，都有餘力悉心養護照料；

④更能充分享有天賦的年壽，從不因心有餘、力不足而抱憾。

問二、為了達到前項目標，需付出怎樣的努力？試著擬定每週身心操練的課表。

庖丁解牛

庖丁為文惠君解牛，手之所觸，肩之所倚，足之所履，膝之所踦，砉然嚮然，奏刀騞然，莫不中音。合於《桑林》之舞，乃中《經首》之會。文惠君曰：「譆，善哉！技蓋至此乎？」

庖丁釋刀對曰：「臣之所好者道也，進乎技矣。始臣之解牛之時，所見无非牛者。三年之後，未嘗見全牛也。方今之時，臣以神遇而不以目視，官知止而神欲行。依乎天理，批大郤，導大窾，因其固然。技經肯綮之未嘗，而況大軱乎！良庖歲更刀，割也；族庖月更刀，折也。今臣之刀十九年矣，所解數千牛矣，而刀刃若新發於硎。彼節者有閒，而刀刃者无厚。以无厚入有閒，恢恢乎其於遊刃必有餘地矣。是以十九年而刀刃若新發於硎。雖然，每至於族，吾見其難為，怵然為戒：視為止，行為遲，動刀甚微，謋然已解，如土委地。提刀而立，為之四顧，為之躊躇滿志，善刀而藏之。」文惠君曰：「善哉！吾聞庖丁之言，得養生焉。」

〈庖丁解牛〉前言

庖丁手中握著一把屠牛刀。你我手中，也握有一項專業。

世人看專業就只是專業。無關乎心，未必有德。有時今秋才叱吒風雲、卓犖眾人；來春便嗑藥潦倒、英才早逝。徒留遺憾、唏噓。

莊子看待專業，卻是心、身能力的具體延伸。既然主張返本全真，以凝定心神、磅礴真氣為生命的核心追求，則體魄所寄寓的職業，便成為檢視、驗證心身造境的最佳試金石。

於是庖丁手上的刀不只是刀，是心力所及。在職業生涯中折損的也不止是器械，更是失去平和的心神、是過度燃燒的肝。刀子折損了可以丟棄、再買。傷透的心呢？再也無法康復的身體呢？

遇見莊子，選擇一個允許身、心與之同步成長、茁壯的專業。成一個掌握技中之道，愛養道中之心的，職人。

——二〇一五・二・七夜

庖丁為文惠君解牛，

參——貳 庖丁解牛

一個名叫丁的廚子，
到文惠君御前
表演殺牛的技術，

肢解的過程中，
從手對肌理骨骼的觸摸、
肩膀如何倚著巨大的牛體、

手之所觸，肩之所倚，足之所履，膝之所踦，

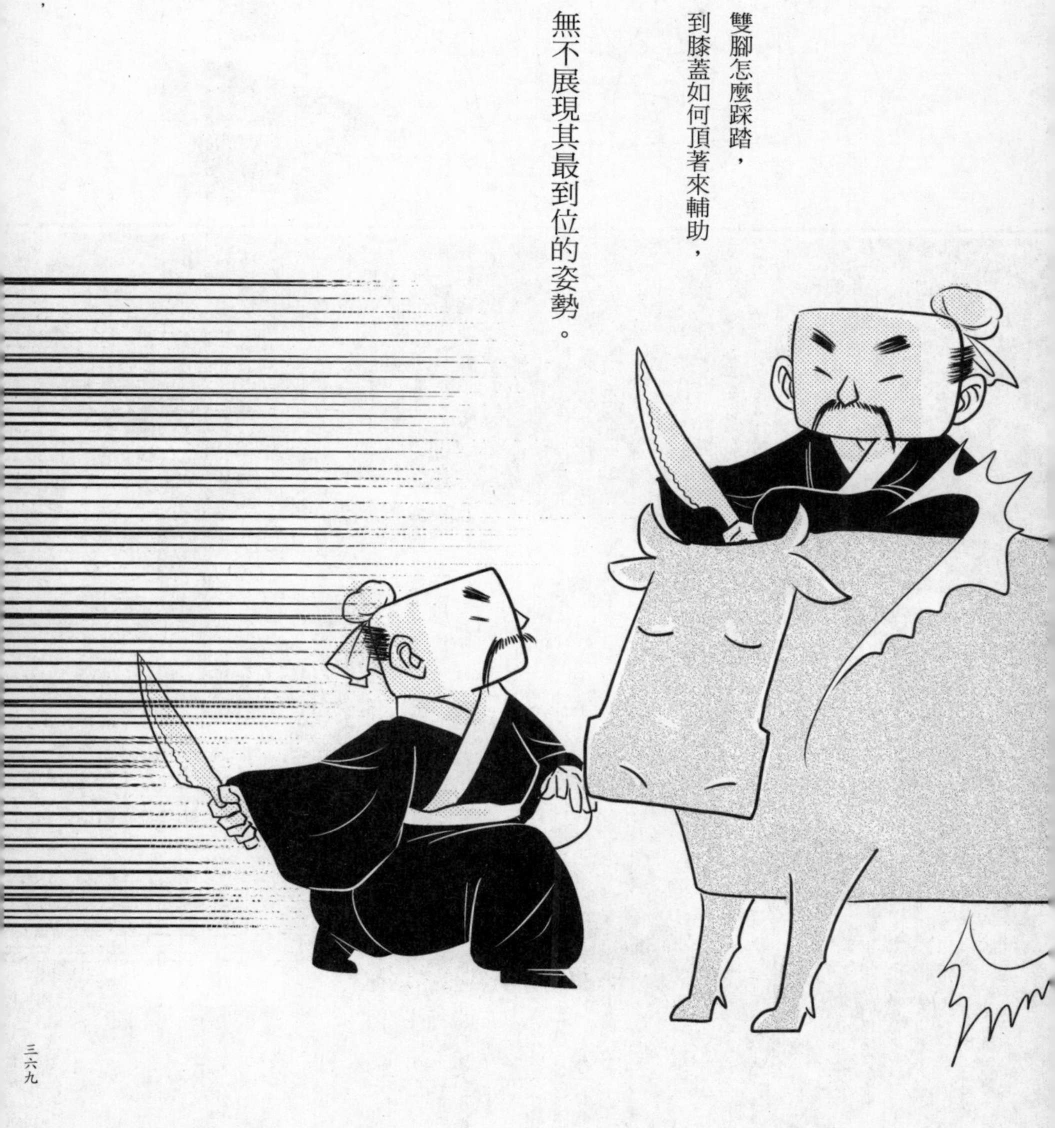
雙腳怎麼踩踏，
到膝蓋如何頂著來輔助，
無不展現其最到位的姿勢。

砉然嚮然，奏刀騞然，莫不中音。合於《桑林》之舞，乃中《經首》之會。

庖丁出手，只聽見響亮的「劃、劃」聲，牛的皮骨就已經分離了，
劃
劃
一次次進刀，宰割牛體發出「霍、霍」巨響，

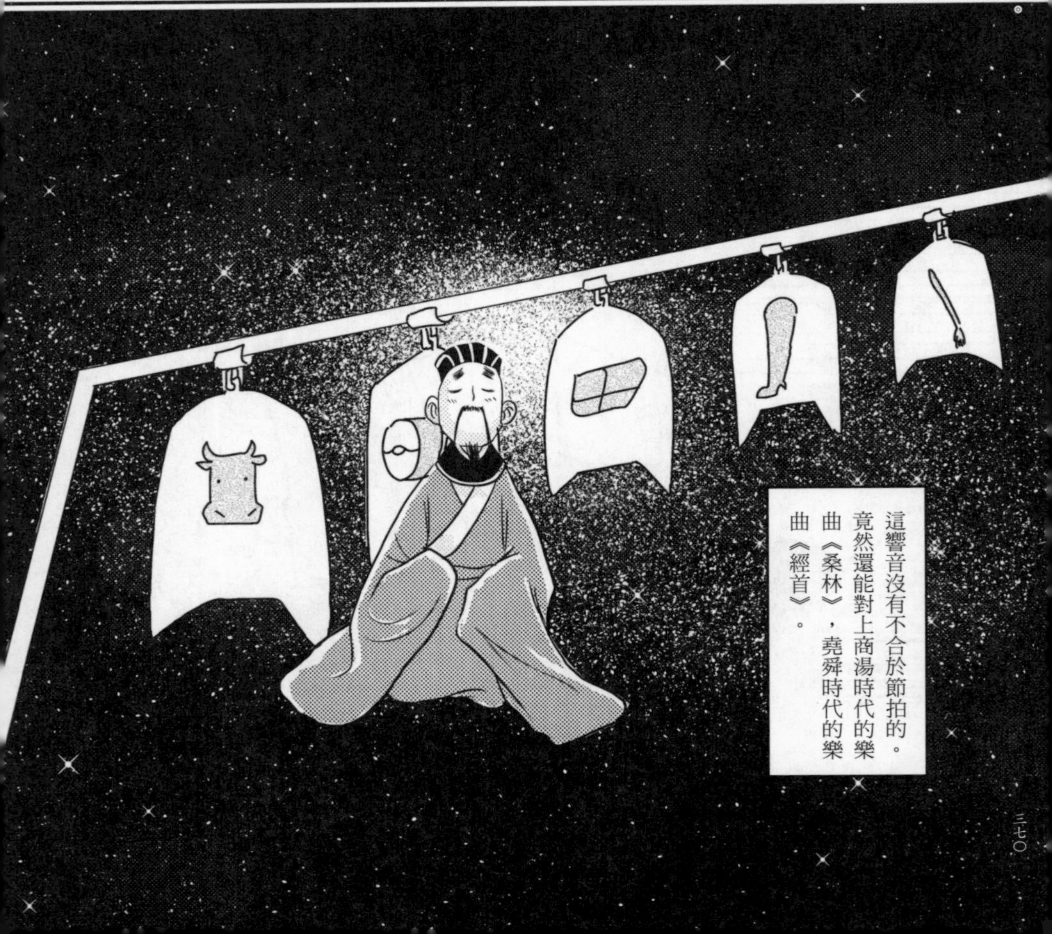
這響音沒有不合於節拍的。竟然還能對上商湯時代的樂曲《桑林》，堯舜時代的樂曲《經首》。

文惠君曰：「譆，善哉！技蓋至此乎？」

庖丁釋刀對曰：「臣之所好者道也，進乎技矣。

廚師庖丁聽到文惠君的讚嘆，便把刀小心地放下，恭敬地回答說：

臣所熱衷追求的是道，而隨著我對道的體悟不斷進展，我的技藝也不斷地升進。

始臣之解牛之時，所見无非牛者。三年之後，未嘗見全牛也。

回想臣剛開始殺牛的時候，眼中所見的，不過就是一整頭牛罷了。

過了三年，就可以區分部位、肌理的細微差別，看見所要肢解的區域，而不再是渾然不可分的牛體。

到了今天，我能以精神去感知牛體，而不再需要憑藉雙眼去觀察，

方今之時，臣以神遇而不以目視，官知止而神欲行。
停止用感官去接收、也停止用大腦來思考，一切的技巧內化為精神的本能反應，無須思慮便能自然而然地施展。

依乎天理，批大郤、導大窾，因其固然。技經肯綮之未嘗，而況大軱乎！

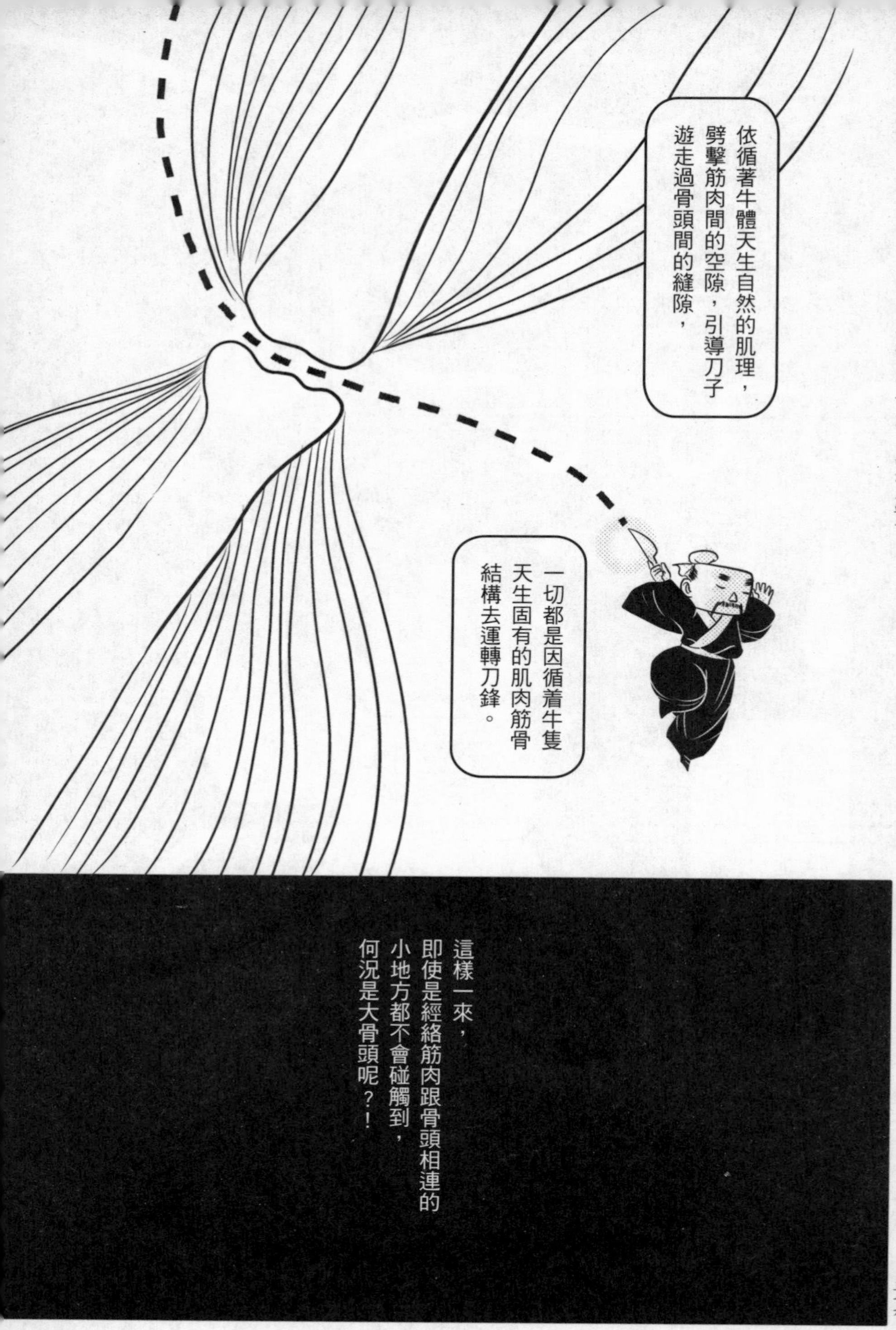
依循著牛體天生自然的肌理，劈擊筋肉間的空隙，引導刀子遊走過骨頭間的縫隙，
一切都是因循着牛隻天生固有的肌肉筋骨結構去運轉刀鋒。
這樣一來，即使是經絡筋肉跟骨頭相連的小地方都不會碰觸到，何況是大骨頭呢？！

好的廚子一年需要換一次刀，
因為他們瞭解一些基本的切割
骨肉的刀法；

普通的廚子一個月就得
換把刀，因為他們只會
劈砍而折損刀具。

今天臣的刀已經用了
十九年之久，所宰殺
的牛隻不下數千頭，
但刀刃就跟剛從磨刀石上磨好一樣，
完好如新。

良庖歲更刀，割也；族庖月更刀，折也。今臣之刀十九年矣，所解數千牛矣，而刀刃若新發於硎。

彼節者有閒，而刀刃者无厚。以无厚入有閒，恢恢乎其於遊刃必有餘地矣。是以十九年而刀刃若新發於硎。

這是因為骨頭與骨頭間一定有空隙，
而相較於那些空隙，
我手上的刀刃是這麼地薄。

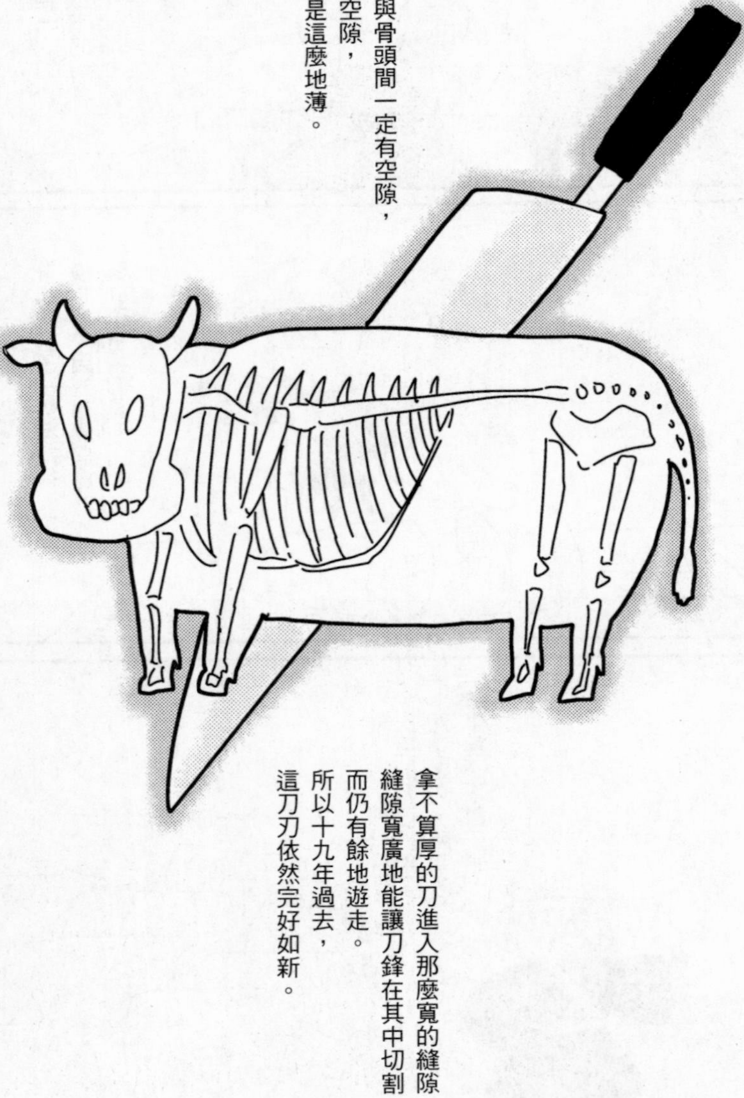

拿不算厚的刀進入那麼寬的縫隙，
縫隙寬廣地能讓刀鋒在其中切割
而仍有餘地遊走。
所以十九年過去，
這刀刃依然完好如新。

雖然，每至於族，吾見其難為，怵然為戒：視為止，行為遲，

雖然如此，每當刀刃來到骨頭和筋肉交錯聚結的地方，我還是覺得難以下手處理，因此都特別戒慎恐懼、小心翼翼：

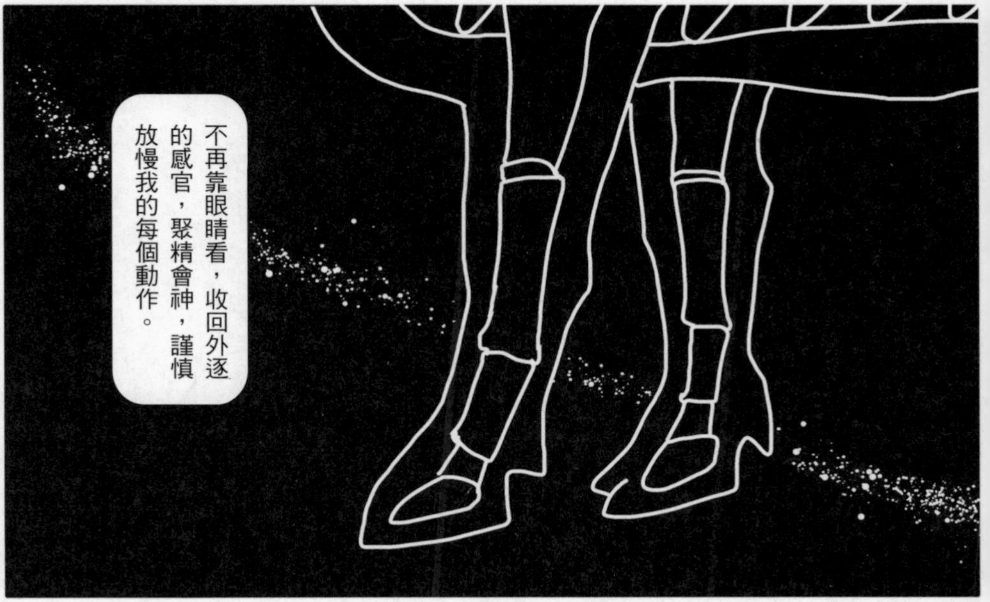
不再靠眼睛看，收回外逐的感官，聚精會神，謹慎放慢我的每個動作。

動刀甚微，謋然已解，如土委地。

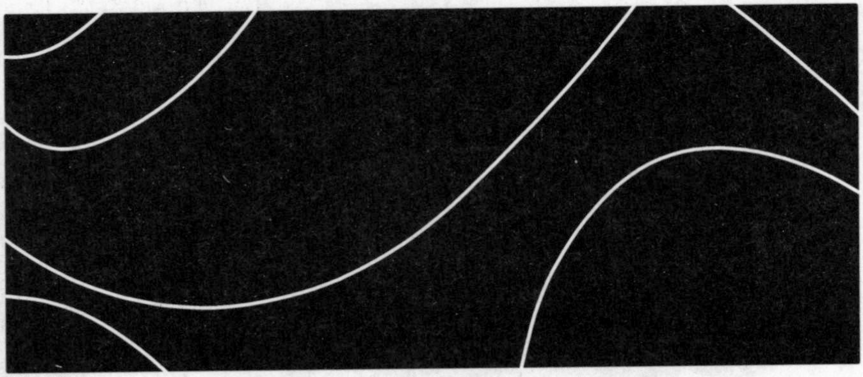

只輕微動刀，牛身便「霍、霍」數聲解體了，肉像土塊一般紛紛落地。

提刀而立，為之四顧，為之躊躇滿志，

解完牛，拿著刀站立著，環顧那看來難以下刀，但現在已妥善分解的牛體，
為了曾經覺得困難而今已能解決，不禁感到開心而從容自得，

善刀而藏之。」文惠君曰：「善哉！吾聞庖丁之言，得養生焉。」

之後珍惜地擦拭著刀，
將它妥善地保存。
文惠君聽了讚嘆：
真是太好了！人遊於世，我拿來應待紛雜外物的心就如同你手上分筋解骨的刀刃，
聽了你廚子庖丁的一番心得，我獲得了養護身心的至善方法啊。

問題與思考

問一、你在選擇科系、職業時，覺得以下要件的優先順序為何：①薪資福利；②興趣嗜好；③工作意義；④心身利弊；⑤家庭期望？讀過本章，順序可有不同？

問二、在過往的經驗中你可曾留意：心情與體況，會對事情的進行、成敗，發生怎樣的影響？

惡乎介也

參——參——惡乎介也

公文軒見右師而驚，曰：「是何人也？惡乎介也？天與？其人與？」曰：「天也，非人也。天之生是使獨也，人之貌有與也。以是知其天也，非人也。」

〈惡乎介也〉前言

想過好日子。吃好吃，住好住，穿好穿，睡好睡，坐好坐。自然也包括站好站，走好走。問題是：怎麼走、站好？我們走、站的慣性從何而來？

法國人類學家Marcel Mauss（一八七二—一九五〇）指出：隨著年齡的增長，人們不斷學習各種身體技術，無論游泳、坐姿或是站立、行走，都不只是由生物、生理主導的活動，而受到歷史傳統、社會文化的高度影響，無一不是需待後天習得的身體技術。「自然」造人以站立之姿，果如Marcel Mauss所言，則究竟如何才是文化理想中「站」的典型？

經中國醫藥大學中西醫醫療團隊研究證實：可以強化心肺功能，有效活化並提升幹細胞數量使得以回春延壽，對於動脈硬化、高血壓、心臟病、糖尿病、胃潰瘍、失眠、食慾不振、頭暈、頭痛、周身酸痛等，皆具顯著療效的太極拳，在以放鬆周身為目的的拳法套路中，將全身重心付諸一腳的「不雙重」、「虛實分明」與意同本篇「緣督以為經」的「頂頭懸」、「豎起脊梁」、「尾閭中正」、「腰為纛」，前者下接地軸、後者上接天根，全身重心所在之足與打直的脊梁（位即「督脈」）所貫串延展的正是——撐起周身其餘骨肉筋膜得以全數不出力、放鬆的——一條垂直地表、指向天空的子午線。

太極拳創始於宋代，既有拳法套路，自當歸《莊子》所謂「導引」一類。令人訝異的是形構太極拳之所以為太極拳的「鬆」的目標，以及「豎起脊梁」、「不雙重」兩大操作原則，以致能夠鍊就「四兩撥千金」、「運勁如百煉鋼，無堅不摧」、「腹內鬆淨氣騰然」、「益壽延年不老春」、「階及神明」如是神效的三大要件，竟都早齊備於成書先秦的《莊子》中。

莊周說：「不導引而壽」。雖無拳法套路，但若能將這般操作原則踐履於清醒的時時刻刻，正如太極拳宗師所強調的「生活太極化」，則有生之年雖看似不刻意作為，卻盡是鍊功之日。

先秦有神人出，此心同、此理同。

宋代有真人出，此心同、此理同。

置身如是文化之流中，你我，何不也投身一試。

——二〇一五・二・六夜

公文軒見右師而驚，曰：「是何人也？惡乎介也？天與？其人與？」

參——參

惡乎介也

有一天，宋國人公文軒遇見一位擔任右師官職的人，他看到右師的姿態感到非常驚訝：

這是什麼樣的人啊？為什麼只用一隻腳這樣站著呢？這是你天生自然就該是這樣，還是後天人為造成的呢？

曰：「天也，非人也。天之生是使獨也，

右師回答：
我這是天賦的自然，而非後天的人為造作。
原本天生自然的身體，站立、行走時就應該將全身的重量放在其中一隻腳上，人之貌有與也，以是知其天也，非人也。」

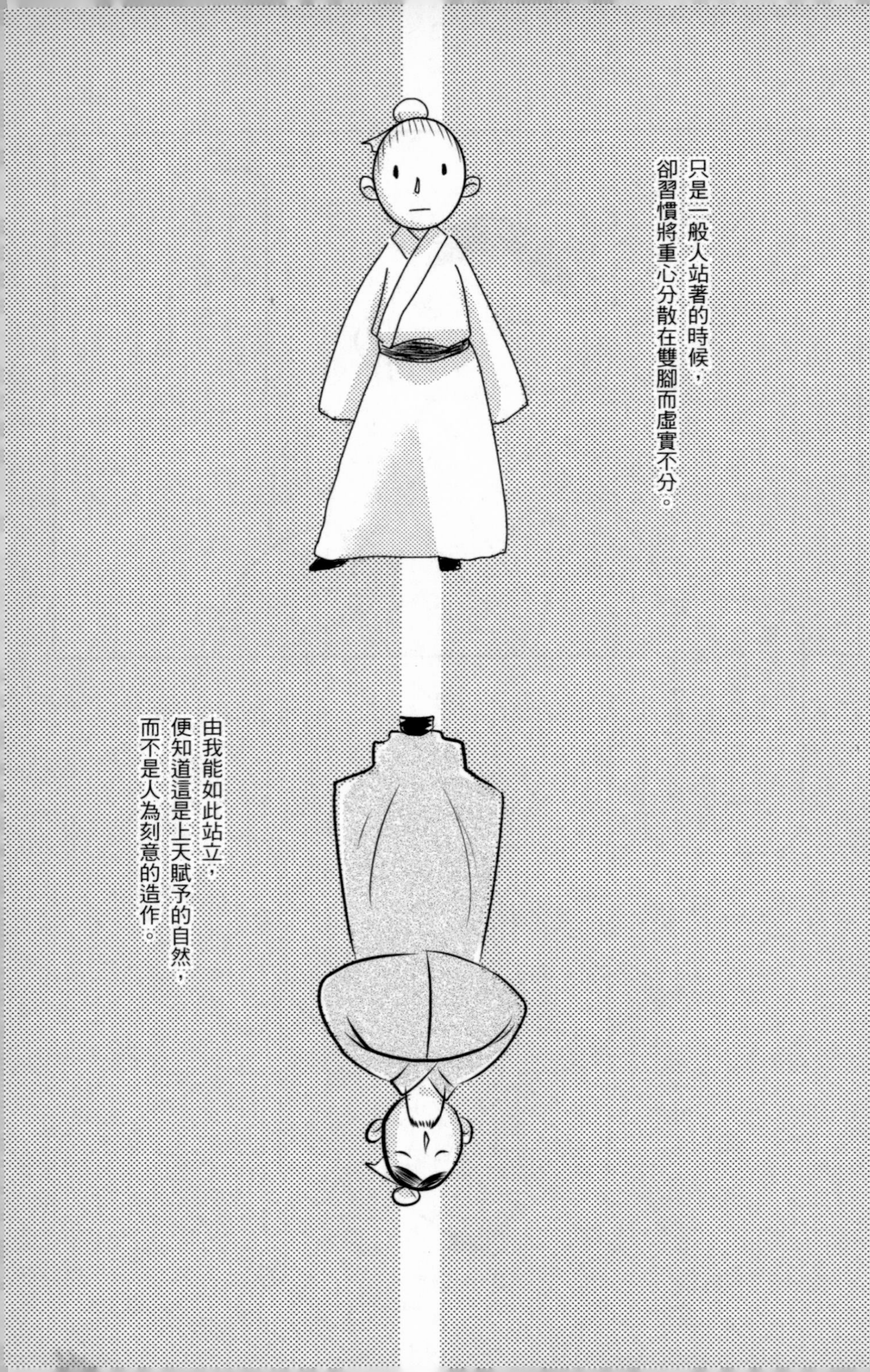
只是一般人站著的時候，
卻習慣將重心分散在雙腳而虛實不分。
由我能如此站立，
便知道這是上天賦予的自然，
而不是人為刻意的造作。

問題與思考

問一、站立，試著將重心完全放在一隻腳。實踐三天，感受成效如何？

問二、試著走路，留意是否重心完全放在一隻腳後，才開展下一步？——實踐三天，感受成效如何？

澤雉十步

澤雉十步一啄，百步一飲，不蘄畜乎樊中。神雖王，不善也。

〈澤雉十步〉前言

「啄」與「飲」，吃吃喝喝。彷彿〈逍遙遊〉裏追逐果腹三餐的鳥兒們又出場了？！但是這隻很不一樣。牠不被美好的食物、飲料收買。

誰能不被美好的食、衣、住、行——渴望滿足的感官嗜慾所收買？常常發現的時候，已身在樊籠裏。只要跟著大家的腳步走，就對了。像是活在「他者」（they）之中。學校裏大家都努力著：拿高分，不是嗎？通通拿高分就能考上明星學校、擠進熱門科系。不去思索學科與生活的關係、學系與自我生命是否相契？彷彿進京趕考，為了功名。進京趕考，就有功名。

而社會上大家都忙碌著：賺更多的錢，不對嗎？於是當只要墨守陋規、只要乖乖聽話，就有喝不完的油水、撈不完的錢，便忘記人是萬物之靈，忘記人異於獸是有正義感、有羞恥心，更忘記人可以在有限涯生中凝神聚氣、超越故我。

也許吃好、住好、權大、錢多，自然羽毛豐澤、姿態搖曳，得來容易。但還是有寧願選擇野外求生的雉鳥，不甘心萎縮的靈魂被感官慾望豢養、囚禁，就此失去浩然之氣可以磅礴無涯的遼闊天空。

——二〇一五・二・六夜

參——肆

澤雉十步

生活在水澤畔的野生雉鳥，
要走上十步
才能找到食物啄食這麼一口，

要走百步
才能到達水邊喝上一口水，

即使生活在野外是這麼的辛苦，牠也不會嚮往被人豢養在籠子裡的安逸。
養在籠裡，儘管可以毛色豐澤、神態健壯，卻沒有照顧到生命中最重要的部分。

不蘄畜乎樊中。神雖王，不善也。

問題與思考

問一、你心目中理想的父母官、師長、上級，是否應當具有超越個人物質慾望的追求？

問二、你覺得當社會上多數人都成了安於「啄」、「飲」籠中的炫羽鳥，不再有高於「啄」、「飲」的生命追求，這將會是一個進步或停止進步，或者將向下沈淪的社會？

帝之縣解

老聃死，秦失弔之，三號而出。弟子曰：「非夫子之友邪？」曰：「然。」「然則弔焉若此，可乎？」曰：「然。始也吾以為至人也，而今非也。向吾入而弔焉，有老者哭之，如哭其子；少者哭之，如哭其母。彼其所以會之，必有不蘄言而言，不蘄哭而哭者。是遁天倍情，忘其所受。古者謂之遁天之刑。適來，夫子時也；適去，夫子順也。安時而處順，哀樂不能入也，古者謂是帝之縣解。」指窮於為薪，火傳也，不知其盡也。

〈帝之縣解〉前言

「樽前擬把歸期說，未語春容先慘咽」（宋．歐陽修〈玉樓春〉），因為情癡。

「早知半路應相失，不如從來本獨飛」（南朝梁．蕭綱〈夜望單飛雁〉），因為情傷。

「悲莫悲兮生別離」（戰國．屈原《楚辭．九歌．少司命》），有生之年，孰能無情？

生活的背後是一種哲學，哲學的觀照是一種生活。哲學思想正如宗教信仰般，左右著人們對死亡的看法，以及面對生離的態度。

如果認定亡失、耗盡的只有形骸、只是薪柴，人的魂魄可以像火苗般穿越時空、憑藉下一束薪柴持續燃亮下去。那麼，面對親友摯愛的死亡，便能夠解消一切滅絕、屍骨無存的巨大哀傷。

那麼，面對生離呢？

「但願人長久，千里共嬋娟」（宋・蘇軾〈水調歌頭〉）——學會深情，而不滯於情。

——二〇一五・二・六夜

老聃死，秦失弔之，三號而出。

參——伍

帝之縣解

老聃過世以後，
朋友秦失來到靈前弔喪，
只哭了三聲便掉頭要走。

弟子曰：「非夫子之友邪？」曰：「然。」「然則弔焉若此，可乎？」

老聃的弟子有些詫異，將他叫住：
您不是我們老師的朋友嗎？
秦失回答：
是啊，是朋友。
弟子再問：
那您以這種態度弔祭我們老師，可以嗎？

曰：「然。始也吾以為至人也，而今非也。

秦失回答：
可以的。我原本以為老子已經達到人所能達到的最高境界了，現在看來並非如此啊。

向吾入而弔焉，有老者哭之，如哭其子；少者哭之，如哭其母。

之前我走進靈堂弔唁的時候，
看見有老人哭得像是死了孩子；有年輕人哭得像是失去了母親。

他們之所以感受如此強烈的悲傷，
一定是有著不必要的情感訴說，
卻還是執意要傳達；
心中有著不必要的難過，
卻還是任意啼哭宣洩。
以這樣強烈激動的情緒去面對生命的結束，是逃離天賦的自然、違背生命的實情，
忘記生命最初秉受的形體其實是自然給予、從無到有的。

這種情緒攪擾的痛苦，古
時候的人稱作是違背天生
自然而招來的刑罰。
古者謂之遁天之刑。

適來，夫子時也；適去，夫子順也。

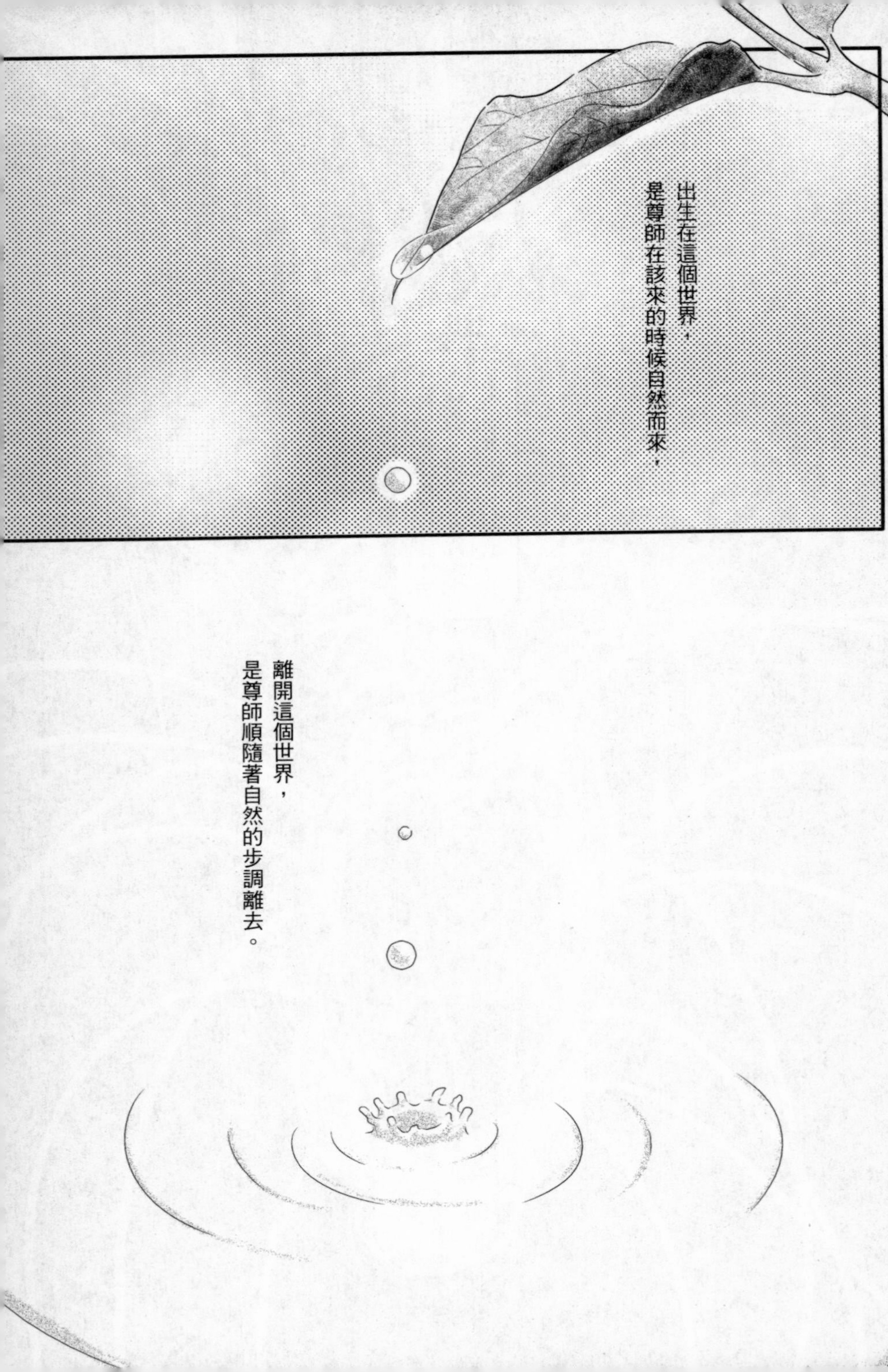
出生在這個世界，
是尊師在該來的時候自然而來，
離開這個世界，
是尊師順隨著自然的步調離去。

安然面對生命中每個時刻的來臨，
順應每個處境，
這麼一來，
就不會有過度的悲傷或狂喜攪擾你的內心。

古人稱這種境界
是解消身繫俗世的種種束縛，
達到原本能擁有的最大的鬆綁解脫。

安時而處順，哀樂不能入也，古者謂是帝之縣解。」

指窮於為薪，火傳也，不知其盡也。
人有形的軀體生命就好比薪柴，
有老舊腐壞、燃燒殆盡的一天，

但無形的靈魂生命
卻可以像火苗般繼續傳遞下去，
不知道有滅絕的一天。

問題與思考

問一、在最清明的時候問自己：和他（或她）的感情，是相互依賴、佔有，像你與物件（如不可一日或缺的手機、衣物等）的關係；還是相互扶持、關懷，像兩條悠游水中，能相逢相愛，也能各自悠游、放手成全的魚？

問二、想想人世間的聚散離合，是否與白晝黑夜、春夏秋冬的自然遞嬗，有相似之處？你可願試著以接受晝夜與四季更迭的心情，去對待情感的變局與離散？

讀莊有感

減法生活

專家，大體可分兩種，一種是能把簡單之事說得複雜，另種是能把複雜之事說得簡單，莊子跟璧名老師，應屬後者。諸子百家中，許多都想教你怎樣過，如何活，但我們真活好了嗎？電影《後會無期》中有句經典台詞：「聽過很多道理，依然過不好這一生。」講道理之人多，但莊子不講理，他說故事。透過故事描繪一種減法的生活，只有讓自己輕靈到減無可減，方可知何謂逍遙。（楊亞霖／三十三歲）

走出憂鬱心病

我在生命低潮時遇見莊子，他對我的重度憂鬱有莫大幫助。一開始我焦慮地想擺脫，想要快速和明確的「康復」，手足無措地尋求璧名老師協助，老師則如往常地穩重和溫柔，讓我一樣每週都來上《莊子》。跟著莊子課的節奏，學習如何放慢速度，從想消滅疾病到和它一起生活下去。才明白疾病原來只是投射，是對自身生活方式的一種提醒。我深刻感謝莊子冷靜而溫熱地留下這些文字，讓我對自身的認識更清明。在此誠摯地希望更多人能閱讀璧名老師的新書，這是一個生命對另一個生命的純粹邀請。（彭琬芸／二十三歲）

更高的追求

我們的追求決定了結局。追逐優裕物質、成功事業的人們，往往到身心俱疲時，才驚覺這樣的追求無法得到幸福。儒家教育我們，生而為人，在物質名位之外還有更高的渴求，如此方能心安理得。回顧歷史上無數忠臣義士，往往需捨生取義才能求仁得仁。直到讀了《莊子》，才曉得心靈與身體更可以是人生的目的，而非被犧牲的籌碼。莊子指出一條不斷強化身心的途徑，使我們在任何處境中，都能安然不傷，得到真正的幸福。（劉璟翰／二十九歲）

美好生活 002

正是時候讀莊子

莊子的姿勢、意識與感情

Zhuangzi

作　　者／蔡璧名
責任編輯／張釋云
美術設計／楊啟巽工作室
發 行 人／殷允芃
出版一部總編輯／吳韻儀
出 版 者／天下雜誌股份有限公司
地　　址／台北市 104 南京東路二段 139 號 11 樓
讀者服務／（02）2662-0332　傳真／(02）2662-6048
天下雜誌GROUP網址／ http://www.cw.com.tw
劃撥帳號／01895001天下雜誌股份有限公司
法律顧問／台英國際商務法律事務所・羅明通律師
印刷製版／中原造像股份有限公司
裝 訂 廠／中原造像股份有限公司
總 經 銷／大和圖書有限公司　電話／（02）8990-2588
出版日期／2015 年 08 月 26 日第一版第一次印行
　　　　　2015 年 09 月 10 日第一版第三次印行
定　　價／480 元

書號：BCCN0002P
ISBN：978-986-398-096-4（平裝）
天下網路書店 http://www.cwbook.com.tw
天下雜誌出版部落格－我讀網 http://books.cw.com.tw
天下讀者俱樂部 Facebook　http://www.facebook.com/cwbookclub

正是時候讀莊子 : 莊子的姿勢、意識與感情
/ 蔡璧名著. -- 第一版. -- 臺北市 : 天下雜誌,
2015.08　面；　公分. -- (美好生活 ; 2)
ISBN 978-986-398-096-4(平裝)
1.莊子 2.研究考訂　121.337　104014952

正是時候讀莊子

Zhuangzi

正是時候讀

Zhuangzi

莊子

天下雜誌
觀念領先